刑事审判问题证据研究

李忠勇　著

中国人民公安大学出版社
·北　京·

图书在版编目（CIP）数据

刑事审判问题证据研究/李忠勇著．—北京：中国人民公安大学出版社，2019.8

ISBN 978-7-5653-3691-1

Ⅰ．①刑…　Ⅱ．①李…　Ⅲ．①刑事诉讼—审判—证据—研究—中国　Ⅳ．①D925.213.4

中国版本图书馆 CIP 数据核字（2019）第 154066 号

刑事审判问题证据研究

李忠勇　著

出版发行：中国人民公安大学出版社
地　　址：北京市西城区木樨地南里
邮政编码：100038
经　　销：新华书店
印　　刷：北京市泰锐印刷有限责任公司

版　　次：2019 年 8 月第 1 版
印　　次：2019 年 8 月第 1 次
印　　张：13
开　　本：787 毫米×1092 毫米　1/16
字　　数：163 千字

书　　号：ISBN 978-7-5653-3691-1
定　　价：52.00 元

网　　址：www.cppsup.com.cn　www.porclub.com.cn
电子邮箱：zbs@cppsup.com　zbs@cppsu.edu.cn

营销中心电话：010-83903254
读者服务部电话（门市）：010-83903257
警官读者俱乐部电话（网购、邮购）：010-83903253
综合分社电话：010-83901870

目 录

导 论

一、问题的提出

在刑事审判阶段，经公诉机关筛选提供给法庭的证据材料只有具备客观性、关联性和合法性，才能作为定案的根据。对于符合上述要求的证据材料，可以作为定案根据使用自不待言。对于不符合上述要求的“问题证据”，由于产生问题的原因和性质不同，应适用不同的规则和采取不同的方法进行处理。在司法实践中，“问题证据”的不同特性未引起审判人员足够重视、相关证据规则尚不够健全、程序保障不到位等原因，导致在审查判断证据过程中时常会出现“一把抓”“一刀切”的情况。要么采用极端的方式，不加区分地将“问题证据”一律排除，将客观性、关联性没有问题，仅存在轻微违法的证据也排除在定案根据之外，造成证据资源的严重浪费；要么对所有“问题证据”均一律采用补救的方式进行处理，能补救就补救，将问题较为严重，需要排除的证据也通过补救的方式转化为合格证据，甚至通过补救将非法证据“漂白”成合格证据，并作为定案的根据使用，架空了旨在确保证据本身真实性和正当性的证据规则，影响了认定事实的准确性和可接受性。2011 年 12 月 15 日，H 省某中级人民法院作出终审裁定的王某抢劫案就曾因“问题证据”的处理引起了新闻媒体的广泛关注和质疑。[①] 在该案审理中，控诉方对部分“问题证据”进行补救是符合法律规定的，如根据“两高三部”《关于办理死刑案件审查判断证据若干问题的规定》（以下简称《办理死刑案件证据规定》）第9条的规定，扣押清单没有侦查人员的签名属于瑕疵证据，通过办案人员的补正或者合理解释的，可以采用。因此，该案中对只有一名侦查人员和见证人签字的扣押物品清单进行补正符合法律规定，法院可以采用。但也有部分证据在是否应该采纳上，存在较大争议。有学者认为[②]，该案中存在着将本该排除的证据当作瑕疵证据进行补救，并最终得到认可的情况，如送检人与鉴定人为同一人的《刑事科学技术物证鉴定书》，按照法律规定，即便办案民警出庭解释，也不能作为证据采用，除非重新鉴定，因此，该案2011年一审判决书以侦查人员石某某已出庭解释为由采用该证据，违反了法律规定。在该案中，除了对哪些证据能补救、哪些不能补救的争论外，辩方对控方补救次数、程序、标准等都提出了强烈质疑，引起了新闻媒体和理论界的广泛关注和讨论。

实际上，在审理案件过程中对“问题证据”进行补救是司法实践中较为常见的做法。正如在王某案中受访的警官和法官所说，“如此‘粘补’瑕疵证据的方式很常见，如没有扣押清单，可用证人证言的形式来证明，如果真的是工作上的疏忽，就要‘给人家一个补正的机会’”。[③] 类似王某案中存在的非法证据与瑕疵证据以及其他“问题证据”之间界限模糊、规则适用混同、处理程序失范等问题，不仅是实践中亟待解决的问题，而且也是

① 黄秀丽，李思睿．证据有问题，补补就合法？［EB/OL］．http：//www. infzm. com/content/63375，2012-12-20.

② 万毅．“王朝”案中的证据法难题及其破解［J］．证据科学，2013（1）：13.

③ 黄秀丽，李思睿．证据有问题，补补就合法？［EB/OL］．http：//www. infzm. com/content/63375，2012-12-20.

理论上困惑多年的问题。只要上述问题在理论上未能澄清、在法律规定上不能明确，法院在处理类似王某案中出现的“问题证据”所面临的困境，就势必还会继续在司法实践中上演。因此，本书拟以刑事审判中常见的“问题证据”为研究对象，在对研究“问题证据”的理论根据进行分析的基础上，对“问题证据”的类型进行界定，并参考借鉴国内外相关处理规则，结合我国刑事审判实际，提出完善我国“问题证据”处理的意见建议，以期为证据法学理论研究和司法实践提供参考。

二、“问题证据”的概念

概念是解决法律问题所必需的工具。没有严格限定的专门概念，我们便不能清楚地和理性地思考法律问题。[①] 对刑事审判阶段存在的问题证据进行研究，也需要从相关概念的分析与界定入手。按照《现代汉语词典》的解释，“问题”一词有以下五种含义：一是要求回答或解释的题目。二是需要研究讨论并加以解决的矛盾、疑难。三是关键，重要之点。四是事故或麻烦。五是属性词（形容词），有问题的；非正常的；不符合要求的。[②] 在刑事审判司法实践中，使用“问题证据”一词时，我们使用的是“问题”的第五种含义，即不符合证据能力要求的证据。作为诉讼证据，具有证据能力（证据资格），才具有准入诉讼证据门槛的“资格”，才是合格的证据，否则就是不合格证据。[③] “问题证据”就是不符合证据能力要求的不合格证据。在对“问题证据”的概念进行界定时，本书考虑了以下因素：

---

① 【美】E. 博登海默．法理学：法哲学与法律方法［M］．邓正来，译．北京：中国政法大学出版社，1999：486.

② 中国社会科学院语言研究所词典编辑室．现代汉语词典［Z］．北京：商务印书馆，2012：1367.

③ 周欣，马英川．论刑事诉讼中瑕疵证据的概念与特征［J］．法学杂志，2012（11）：23.

(一) 对不符合证据能力要求的相关表述进行了借鉴吸收

目前，学术界还没有学者以“问题证据”为题对关联性、合法性和客观性存在缺陷的证据以及不符合刑事政策要求的证据进行专门研究，法律规范中也无“问题证据”这一法律术语。“问题证据”更多的是刑事审判实务界对存在缺陷的证据的一种俗称。它既不是一个法律专有名词，也不是证据法学理论研究中的专门术语，只是为研究和表述方便，在对目前司法实务中的用法、法律规范的规定和理论研究中的提法进行分析归纳的基础上，对证据能力存在缺陷的证据所作的一种概括。

从学术界的研究看，在早期对“问题证据”相关问题进行研究时，多将“问题证据”称为“非法证据”，并将其作为合法证据的一种对称，用以泛指所有违法的证据。① 司法实践中，绝大多数“问题证据”都是违法证据，从合法性角度入手，对“问题证据”进行研究具有一定的科学性，但将所有违法证据均概括为“非法证据”，容易混淆非法证据与其他违法证据的区别。一方面，容易导致将违法性质不严重的普通违法证据当作非法证据排除，不利于打击犯罪；另一方面，容易导致将非法证据视为瑕疵证据，对非法证据也采用重新收集的方式予以补正，造成实践中非法证据排除规则无法得到有效适用。② 此外，合法性存在缺陷，仅是“问题证据”的表现之一。“问题证据”的缺陷除了违法，还有可能是客观性及关联性存在不足，不能仅从违法性角度进行概括。这种概括，既不全面也不合理，不利于指导司法实践。

从法律规范的规定看，2010 年“两高三部”出台的《办理

① 戴福康．对刑事诉讼证据质和量的探讨［J］．比较法研究，1988 (4)；张桂勇．论对非法证据的排除［J］．中国人民大学学报，1995 (6)；简布礼，余向阳．非法证据效力的矛盾冲突与协调［J］．中央政法管理干部学院学报，1997 (6)．

② 万毅．非法证据排除规则若干操作问题研究［J］．中国刑事法杂志，2007 (3)：82.

死刑案件证据规定》《关于办理刑事案件排除非法证据若干问题的规定》（以下简称《排除非法证据规定》）[①]，2012 年最高人民法院《关于适用〈中华人民共和国刑事诉讼法〉的解释》（以下简称《〈刑事诉讼法〉解释》）、最高人民法院《关于全面推进以审判为中心的刑事诉讼制度改革的实施意见》（以下简称《以审判为中心改革实施意见》）等司法解释或规范性文件中，涉及“问题证据”的相关内容，多会用“不能作为定案的根据”来表述[②]。在上述法律规范中，“不能作为定案的根据”一词，几乎成了“问题证据”的代名词。“因为证据有……问题，所以不能作为定案的根据”，是上述法律规范中最常用的一种表述方式。从《两个证据规定》和司法解释的有关规定看，“不能作为定案的根据”包含着很丰富的含义。有时是在规范证据能力层面使用，如以暴力、威胁等非法手段取得的证人证言不能作为定案的根据，书面证言没有经证人核对确认的不能作为定案的根据等；有时在规范证明力的层面使用，如未出庭作证证人的书面证言出现矛盾，不能排除矛盾且无证据印证的，不能作为定案的根据等。可见，证据之所以“不能作为定案的根据”，既可能是证据能力存在缺陷，也可能是证明能力存在缺陷。鉴于“问题证据”本质上属于证据能力问题，一般不包括证明力问题，因此，“不得作为定案的根据”的证据与“问题证据”并不能等同[③]。

从司法实践的用法看，实务界在使用“问题证据”一词时，对于证据能力与证明能力问题也一般不作明确区分。法官所称的

---

① 《办理死刑案件证据规定》和《排除非法证据规定》合称《两个证据规定》。

② 需要注意的是，在 2017 年“两高三部”《关于办理刑事案件严格排除非法证据若干问题的规定》中，对于确定为非法证据的，均表述为“应当予以排除”，与前述法律规范略有不同。

③ 《〈刑事诉讼法〉解释》司法解释第 63 条中使用了“不得作为定案的根据”的表述。

“问题证据”，有可能指证据的证据能力存在问题，也有可能指证据的证明力存在问题，抑或是证明能力和证据能力同时存在问题，需要结合具体情况才能进一步界定。总体而言，对于证据是否存在“问题”的判断带有很强的功利性（实用性），只要证据缺陷可能影响到案件的定罪量刑，一般均会被称为“问题证据”。相反，即便证据在法律上存在一定瑕疵，但如果法官认为对案件的定罪量刑不会产生影响，也不会将其视为问题证据。在使用“问题证据”时，表现出较大的主观性、经验性和一定的不确定性。

（二）立足于刑事审判阶段对与定罪相关的不合格证据进行界定

本书所称之“问题证据”，是刑事审判阶段的问题证据，它既不是行政诉讼中的问题证据，也不是民事诉讼中的问题证据，而是在刑事审判中出现的问题证据。在诉讼阶段上定位于审判阶段，不包括侦查或起诉阶段的问题证据。从用途上看，是用于定罪的证据材料。

1. 刑事诉讼中的“问题证据”

三大诉讼法对于诉讼证据证据能力的要求，虽在合法性、关联性和客观性要求上存在相通之处，但由于在诉讼价值目标、诉讼主体、举证责任、证明对象、证明标准等方面都存在差异，在对证据能力资格的具体认定中存在差别。刑事诉讼从本质上说是国家行使刑罚权的活动，具有强制性和严格的规范性。查明案件事实、确定行为人是否应负刑事责任、保障无罪的人不受追究是《刑事诉讼法》所要解决的中心问题，这就决定了它与解决民事纠纷和行政纠纷的诉讼活动，在方式、手段与程序上的不同。刑事诉讼对于诉讼证据资格的要求，主要针对的是拥有强制力的公安机关和检察机关，旨在通过对公诉机关提供的证据材料提出资格上的要求。一方面实现对犯罪行为的准确打击，另一方面对包括被告人在内的公民的合法权益进行保障。上述要求在以解决平等主体之间的矛盾纠纷为主要目标的民事诉讼和以规范行政机关依法行政为主要目的的行政诉讼中是不存在的。鉴于此，本书仅对刑事诉讼中问题证据进行研究，而不涉及民事或行政诉讼中的问题证据。

2. 刑事审判阶段的“问题证据”

本书所研究的问题证据是刑事审判阶段的问题证据，不包括侦查或起诉阶段存在缺陷的证据材料。之所以以刑事审判阶段的问题证据为研究对象，是因为以下两方面的考虑：一方面，从诉讼法学理论上讲，审判是刑事诉讼活动的中心，所有的诉讼活动都围绕审判来展开，证据能力规则以审判活动为依据设立，只有在审判阶段证据能力规则才能得到充分的运用，发挥最大的功效；另一方面，我国当前的刑事诉讼在纵向结构上仍然是以侦查为中心的“流水作业式”操作，司法裁判对于违法侦查取证行为的监督制约力度不够、措施有限，不利于案件事实的准确查明认定和被告人人权保障。鉴于此，本书以刑事审判阶段最为核心的环节之一——证据的采纳与排除入手，希望通过对被排除或暂时不予采纳的问题证据进行研究，进一步完善法官准确查明认定案件事实的机制。

3. 与定罪有关的“问题证据”

之所以强调问题证据是刑事审判中的定罪证据材料，是因为对定罪证据的要求和量刑证据的要求是不一样的，有的证据，如品格证据虽然不能作为定罪证据使用，但却可以作为量刑的证据。一般而言，对于定罪证据的要求，要高于量刑证据的要求。一方面，定罪问题先于量刑问题，只有确认被告人犯罪，才涉及进一步的量刑问题；另一方面，不可否认，刑事审判中的证据，在数量上仍以定罪证据居多，大量的证据能力规则仍以定罪证据为主要规范调整对象，虽然量刑证据与定罪证据同样重要，但并不妨碍对定罪证据问题进行专门研究。鉴于此，本书仅对定罪证据中的不合格证据进行分析研究。

（三）从定案角度入手对不符合证据能力要求的证据进行界定

理想状态下，证据能力问题应先于证明力问题解决，应在正式开庭之前就解决。这样就能够最大限度地切断不合格证据对事实裁判的影响，保证事实裁判的准确。但证据能力规范与特定的审判模式密切相关，审判模式的不同可能会造成证据能力规范的差异。我国同传统的大陆法系国家一样，不存在一个专门对证据能力问题进行预先裁判的程序，而是在对案件事实进行审理过程中由法官一并解决证据能力和证明力问题。这样的审判模式与英美法系国家在审前程序与审判程序严格分离、事实问题与法律问题相分离的基础上，将证据能力（可采信）限定为接受法庭调查的资格是不同的。在目前的审判模式下，仅从接受法庭调查的资格去考察和理解问题证据，就会脱离审判实践，较为可行的做法是从定案证据资格入手，将问题证据界定为因不符合证据能力规范要求，而不能作为定案证据使用的证据。也就是说，将证据能力问题的解决自然延伸到了定案阶段，而不是机械地坚持证据能力问题必须放在庭前解决。实际上，“假如我们站在动态的角度进行考察的话，所谓的证据审查判断也就是‘证据’转化为‘定案根据’的过程。可以说，如何避免证据被任意采纳为定案根据，如何为证据转化为定案根据设定必要的条件，属于证据法所要解决的头号问题”。①

① 陈瑞华．刑事证据法学［M］．北京：北京大学出版社，2012：79，70.

三、研究“问题证据”的意义

（一）现代司法文明的要求

证据是诉讼的基石，是确保案件事实认定符合客观真相、办案结果符合实体公正的关键。长期以来，我国的刑事诉讼深受“侦查中心主义”与“卷宗中心主义”的影响，审判流于形式，庭审走过场，审者不判、判者不审等现象较为普遍。对证据规则不够重视、已经建立的证据规则难以落实等情况普遍存在，既不利于案件事实真相的查明，也不利于程序公正的实现，影响了司法权威的树立。赵作海案、李久明案、呼格吉勒图案等陆续曝光的冤假错案不仅严重侵犯了公民的合法权益，给当事人及其家庭带来巨大痛苦，而且严重损害了司法机关的公信力，严重影响了党和政府的形象，引起了全国上下的高度重视。在对这些案件进行深刻反思的过程中，重视证据规则在案件事实查明中的作用、制定完善证据规则以防范冤假错案的发生成为共识。这些共识在2010年“两高三部”出台的《两个证据规定》、2012年最高人民法院《〈刑事诉讼法〉解释》、2013年中共中央《关于全面深化改革若干重大问题的决定》、2014年中共中央《关于全面推进依法治国若干重大问题的决定》、2016年“两高三部”《关于推进以审判为中心的刑事诉讼制度改革的意见》（以下简称《以审判为中心改革意见》）、2017年最高人民法院《关于全面推进以审判为中心的刑事诉讼制度改革的实施意见》（以下简称《以审判为中心改革实施意见》）、2017年“两高三部”《关于办理刑事案件严格排除非法证据若干问题的规定》（以下简称《严格排除非法证据规定》）、2017年《人民法院办理刑事案件庭前会议规程（试行）》（以下简称《庭前会议规程（试行）》）、《人民法院办理刑事案件排除非法证据规程（试行）》（以下简称《排除非法证据规程（试行）》）、《人民法院办理刑事案件第一审普通程序法庭调查规程（试行）》［以下简称《法庭调查规程（试行）》］等法律规范中均有不同程度体现。

上述规定文件的出台为保障人权、规范司法行为、促进司法公正提供了有力制度规范保障，但规范文件的出台并不能解决所有实践中存在的问题。实践中，“问题证据”排除申请提出难，参与调查难，排除更难，欲了解采纳或排除的理由更是难上加难。正如有学者所担忧的，即便在《两个证据规定》已经基本确立处理“问题证据”规则的情况下，“法官基于多方面的考虑，通过非善意地解释证据规则，将所有‘自由裁量的排除’都变成‘自由裁量的不排除’”。[①] 如此，则不仅可能会为虚假证据进入法庭、影响审判打开方便之门，影响案件事实认定的准确性；而且还会从程序上削弱判决的正当性，即便案件本身实体上无任何问题，人们也会提出质疑。从王某案中，笔者感觉到了对“问题证据”进行系统研究的必要性和紧迫性。对“问题证据”进行研究，不仅可以为法官处理“问题证据”提供指导，为其排除那些虚假的、不可靠的“问题证据”提供帮助，保障案件事实认定的准确性，为案件在实体上的公正处理奠定基础；同时，也可以引导当事人按照法律规定的程序，以看得见的方式实现正义，做到实体与程序兼顾系现代司法文明的要求。

（二）完善证据规则的要求

我国在1996年《刑事诉讼法》及其司法解释中规定了一些处理“问题证据”的条款，比如非法言词证据不能作为定案根据等。但由于没有规定相应的配套程序、对于非法证据的界定不够科学等原因，相关条款不够细致，更谈不上系统，更像是宣示性的规定。基于办理案件的需要，各地司法机关纷纷制定了地方性刑事证据规范，为法官处理“问题证据”提供指导。例如，北京

① 陈瑞华．非法证据排除规则的中国模式［J］．中国法学，2010（6）：36.

市高级人民法院于2001年8月6日制定的《关于办理各类案件有关证据问题的规定（试行）》、江苏省高级人民法院于2003年8月28日制定的《关于刑事审判证据和定案的若干意见（试行）》等，[①] 这些证据规范引进了许多西方国家的先进司法理念，确立了一些现代刑事证据法的基本原则，一定程度上解决了法官在处理“问题证据”时无相应指导规范、处理“问题证据”较为随意的问题，对于规范审判人员办案和促进司法文明具有积极意义，同时也为《两个证据规定》的出台和我国证据规则的逐步建立积累了经验。但这些证据规范也存在着一些诸如阶位低、逻辑混乱、配套设施不全、语义模糊、突破现有法律规定等问题，如江苏省《关于刑事审判证据和定案的若干意见（试行）》第45条规定，“被告人供认其实施了犯罪行为，且没有其他证据能够直接证明该犯罪行为系被告人实施，但被告人供述稳定，供述的犯罪情节与现场勘验、法医鉴定等其他证据吻合，非被告人亲身经历，不能够作出如此供述的，且能够排除侦查机关有刑讯逼供、诱供可能的，可以认定被告人犯罪”。这种规定与刑事诉讼法仅凭被告人口供不能定案的规定相悖。[②]

2010年出台的《两个证据规定》从实体和程序两个方面入手，完善了“问题证据”的处理，确立了非法实物证据排除规则，规定了专门的非法证据排除程序；首次从司法解释层面确立了瑕疵证据补救规则；对于其他违法证据、与案件事实无关联的证据、不具备客观性的证据等都予以了不同程度的规定，为刑事法官处理“问题证据”提供了较为详细的规范指引。但由于存在对非法证据、瑕疵证据的界定不够明确，对非法证据、瑕疵证据

① 房保国．刑事证据规则实证研究［M］．北京：中国人民大学出版社，2010：28.

② 房保国．刑事证据规则实证研究［M］．北京：中国人民大学出版社，2010：37-41.

以及其他“问题证据”的区分不够清晰，对瑕疵证据的补救程序未作规定等问题，执行起来亦较为困难。2012 年出台的《〈刑事诉讼法〉解释》大体上延续了《两个证据规定》的相关规定[①]，《两个证据规定》中存在的问题仍然没有得到有效解决[②]。2017 年《严格排除非法证据规定》以及办理刑事案件“三个规程”[③]对刑事案件证据规则的适用进一步予以了完善，但也未能一劳永逸地解决所有问题。对刑事审判中的“问题证据”进行研究，一方面可以通过对非法证据、瑕疵证据及其他“问题证据”进行科学界定，进一步明确相关法律规范的确切含义，便于司法机关适用；另一方面通过对“问题证据”的处理规则、程序等进行研究，还可以进一步审视法律规范本身的不足，为证据规则的进一步完善提供理论上的支持。

（三）证据法学研究的要求

我国理论界在 20 世纪 90 年代中期甚至更早的时候便注意到

---

① 司法解释取消了勘验、检查笔录瑕疵可以补正或合理解释的规定，个别条款的顺序和用词也作了更改，但在内容上与《两个证据规定》的内容大体相同。

② 2017 年“两高三部”《严格排除非法证据规定》对于非法证据的内涵和外延作了进一步界定，对于司法实践具有很强的指导意义，但对诱惑侦查、非法使用技术侦查取证等问题仍没有明确规定；与此同时，最高法院出台了《庭前会议规程（试行）》《排除非法证据规程（试行）》《法庭调查规程（试行）》三个文件，从程序上对证据规则的适用进行了完善，其效果如何还有待实践检验。

③ 《庭前会议规程（试行）》《排除非法证据规程（试行）》《法庭调查规程（试行）》一般合称“三个规程”。

了“问题证据”问题，并对部分“问题证据”进行了研究。[①] 这些研究主要以非法证据为主，夹杂着其他违法证据和部分瑕疵证据，关注点集中在证据是否合法上。后来，有学者曾提出“不规范证据”的概念，根据取证行为违反法律规定程度、内容、形式等不同，将“不规范证据”分为“非法证据、要件欠缺证据、瑕疵证据”三类，并提出了针对性的处理办法。[②] 但笔者所提“不规范证据”本质上仍属于违法证据，对于证据合法性之外的问题仍没有引起足够的关注。

目前理论界关于“问题证据”的研究与司法实践存在一定的脱节，不能满足司法实践的需要。主要表现在三个方面：一是从整体上看，关于“问题证据”的研究主要集中在非法证据上，尽管对瑕疵证据的研究在《两个证据规定》颁布之后逐渐多了起来，但尚不能对实践中大量运用的瑕疵证据进行类型化的细致研究，对其他“问题证据”的关注还略显不足。二是从研究方法看，无论是对非法证据的研究，还是对瑕疵证据的研究，都多是就某一类“问题证据”单独进行纵向研究，不同证据类型间横向的比较分析还不够。三是从研究内容看，对与“问题证据”处理相关的国外证据能力理论和制度进行介绍，并在此基础上对我国

① 戴福康．对刑事诉讼证据质和量的探讨［J］．比较法研究，1988（4）；张桂勇．论对非法证据的排除［J］．中国人民大学学报，1995（6）．简布礼，余向阳．非法证据效力的矛盾冲突与协调［J］．中央政法管理干部学院学报，1997（6）；傅宽芝．违法证据的排除与防范比较研究［J］．外国法译评，1997（1）；熊秋红．英国刑事诉讼中对非法获得的证据处理之评析［J］．中央检察官管理学院学报，1997（2）；谢啸林．论私录视听资料的排除与采信［J］．法学，1997（2）；赵厚轩．司法机关在办案过程中对非法证据材料取舍之我见［J］．当代检察官，1996（5）．

② 韩旭．刑事诉讼中不规范证据的处理［J］．成都大学学报（社会科学版），2008（2）：12.

构建类似制度的可行性与必要性进行的分析已经比较深入。[①] 但以国内司法实践为主的研究还很少见。

本书以国内刑事审判阶段的“问题证据”为对象进行集中研究，在研究视角上立足于中国司法实践，根据“病情”来投医，具有较强的针对性。在研究方法上注重纵横交叉，既关注不同类型“问题证据”的特性，又注重对不同类型“问题证据”间的区别和联系进行整体研究。本书力求在理论上对不同“问题证据”的内涵和外延进行合理界定，明确这一类证据的特质，拓展证据法学研究的视角，通过进一步揭示不同类型“问题证据”之间的差异，提升人们对“问题证据”的认识，为准确理解适用相关规则奠定基础。此外，本书的研究不仅仅是简单解决“问题证据”取舍的问题，还涉及诉讼模式、诉讼价值、诉讼目的等根本性的刑事诉讼法学问题。通过对“问题证据”进行总结分析，可以对理论研究的状况进行检验，查找出目前理论研究不能有效解释指导这些证据问题解决的原因，在理论研究上有所突破。

（四）深化司法体制改革的要求

深化司法体制改革是党的十八届三中、四中全会作出的重要部署，是全面依法治国的重要内容，对于促进司法公平正义，提升司法公信力，加快建设公正高效权威的社会主义司法制度，推进国家治理体系和治理能力现代化具有重大而深远的意义。从内容上看，党的十八届三中、四中全会提出的司法体制改革举措主要围绕确保依法独立公正行使审判权、检察权，健全司法权力运行机制，完善人权司法保障制度，完善法律职业保障制度四个主

① 郭志媛．刑事证据可采性研究［M］．北京：中国人民公安大学出版社，2003；纪格非．证据能力论——以民事诉讼为视角的研究［M］．北京：中国人民公安大学出版社，2005；孙远．刑事证据能力导论［M］．北京：人民法院出版社，2007；葛玲．论刑事证据排除［M］．北京：中国人民公安大学出版社，2011.

题展开。其中，完善司法责任制改革是重要内容，是全面深化司法体制改革必须牢牢牵住的“牛鼻子”，在全面深化司法体制改革中具有基础性、全局性地位。

落实司法责任的核心就是“让审理者裁判，由裁判者负责”。“让审理者裁判”，直接的要求是保障法官、合议庭独立行使案件的裁判权，不受其他非法干扰；更进一步讲，这种裁判是在法律和证据规则规范之下的裁判，法官、合议庭作出的裁判决定必须依据法律，符合证据规则。如此，则证据规则是否科学完备直接影响着裁判的公平公正。“由裁判者负责”，意味着法官、合议庭应为自己的裁判行为和结果负责。但这种责任不是无限责任，法官、合议庭只有在违法裁判或对于错误裁判主观上有过错时才承担责任。[①] 根据最高人民法院《关于完善人民法院司法责任制的若干意见》第四章关于审判责任的认定与追究的相关规定，故意违背法定程序、证据规则和法律明确规定的，应承担违法审判责任。对案件基本事实的判断存在争议或者疑问，根据证据规则能够予以合理说明的，案件按照审判监督程序提起再审后被改判的，不得作为错案进行责任追究。最高人民法院《关于深化人民法院司法体制综合配套改革的意见——人民法院第五个五年改革纲要（2019—2023）》进一步提出，要健全以司法责任制为核心的审判权力运行体系，全面贯彻“让审理者裁判，由裁判者负责”，强化独任庭、合议庭的法定审判组织地位，依法确定职责权限，确保权责一致。[②] 对“问题证据”相关问题进行研究，明确处理“问题证据”的相关规则，不仅是帮助法官准确查明案件事实，正确适用法律的需要，也是判断法官是否承担案件审判责任的需要，是深化司法体制改革的要求。

---

① 最高法院司法改革领导小组办公室．关于完善人民法院司法责任制的若干意见［M］．北京：人民法院出版社，2015：211.

② 法发〔2019〕8号。

四、研究的思路和方法

笔者采用观察、座谈交流、个案研究等实证研究方法，以证据的客观性、关联性和合法性作为判断证据是否为“问题证据”的基本依据，从形式、实质等方面对刑事审判实践中的“问题证据”进行考察，明确“问题证据”的类型以及不同类型“问题证据”之间的区别与联系。同时，对国外相关的理论、立法及实践进行比较研究，在参考借鉴国外处理“问题证据”相关做法的基础上，提出健全完善我国刑事审判“问题证据”处理的可行路径。从总体上看，主要解决三个问题：一是明确研究“问题证据”的理论根据，为评判各类“问题证据”提供标准；二是以证据“三性”为基础，按照问题性质和严重程度对“问题证据”进行分类；三是结合国内外的理论与实践，就完善我国“问题证据”的处理提出若干见解。

第一章　研究“问题证据”的理论根据

本章将从证据三属性观、实事求是认识观、人权保障价值观和多元价值平衡观四个角度研究分析“问题证据”，为进一步的研究提供理论支撑。

一、证据三属性观

证据材料是否具有客观性、关联性和合法性是判断其合格与否的基本要件。通常情况下，证据材料只有符合证据“三性”的要求，才能取得作为诉讼证据的资格，否则就属于“问题证据”。

证据的客观性是指作为案件证据的客观物质痕迹和主观知觉痕迹，都是已经发生的案件事实的客观反映，不是主观想象、猜测和捏造的事物。[①] 作为证据本质属性的客观性是同人的主观认识相对立的客观性，是伴随着案件发生、发展而遗留下来的，不以人的意志为转移而存在的事实。证据的客观性与作为裁判依据的证据对案件事实的客观反映有时并不一致。实践中，之所以会出现认定案件事实不符合客观实际的情况，不是证据的客观性出了问题，而是由于人们对于证据材料本身客观性的认识不到位，采用了客观上不能反映案件事实的证据，导致了认定案件事实的错误。证据的客观性是一个需要法官根据逻辑和经验去判断的问题，在证据能力范畴内，只要不具有明显的虚假性，一般都会得

① 陈光中，徐静村．刑事诉讼法学［M］．北京：中国政法大学出版社，1999：163.

到采纳，但对于虚假可能性较大的证据材料，则有可能转化为合法性问题，由法律规范直接规定予以排除。如根据《〈刑事诉讼法〉解释》第75条规定，处于明显醉酒、中毒或者麻醉等状态，不能正常感知或者正确表达的证人所提供的证言，不得作为证据使用。

一般认为，证据的关联性是指证据必须同案件事实存在某种联系，并因此对证明案情具有实际意义。[①] 作为“问题证据”判断标准的关联性，主要关注的是证据材料与案件待证事实有无关联，一般不考虑二者关联性的疏密程度。证据材料只要同案件待证事实有关联，就满足了证据能力规范关于关联性的要求，至于对证明案情是否具有“实际意义”则应属于证明力范畴内解决的问题。按照美国《联邦证据规则》第401条的规定，“有关联性证据”指具有下述盖然性的证据，即“任何一项对诉讼裁判结案有影响的事实的存在，若有此证据将比缺乏此证据时更为可能或更无可能”。它对证据关联性的理解也是在有无关联性的层面，而非根据关联性的紧密程度来作为判断关联性的标准。在证据未经控辩双方质证辩论之前，一般情况下无法确定证据与待证事实的紧密程度，也就无法确定证据对证明案件是否一定有实际意义，因此，美国《联邦证据规则》关于证据关联性的界定较为科学，可以借鉴。

证据合法性是指证据只能由审判人员、检察人员、侦查人员依照法律规定的诉讼程序，进行收集、固定、保全和审查认定。[②] 按照证据合法性的要求，一般情况下，证据材料的取证主体、取证的来源、取证程序和表现形式合法且经法定程序查证才能作为诉讼证据适用。有观点认为，客观性与关联性是证据的内在属性，而合法性则是人为的、外在的要求，不属于证据的基本属

---

① 樊崇义．证据法学［M］．北京：法律出版社，2011：138.

② 樊崇义．证据法学［M］．北京：法律出版社，2011：139.

性。就诉讼证据而言，是否具有合法性是证据与其他同样发挥证明作用的材料的根本区别，从这个意义上讲，合法性是诉讼证据的固有属性，不是外在的，而是内生的。对证据的收集、调取、提供等活动提出合法性要求，一方面对于证据的客观性和关联性具有促进和保障作用，有利于促使司法人员的主观认识符合客观存在的要求，帮助他们准确“还原”犯罪现场和认定事实；另一方面有助于实现人权保障等特定的诉讼价值，以排除非法证据规则为例，即便是刑讯逼供取得的证据材料，证据本身也有可能是真实的，对认定案件事实也有帮助，但却不利于对公民基本权利的维护，故立法者在人权保障与打击犯罪之间进行取舍后，在法律上作出了排除非法证据的规定，体现了法律对人权保障价值的追求。

二、实事求是认识观

我国传统的证据法学理论认为，证据法所要解决的核心问题是：如何确保司法人员能够正确认识案件事实，也即如何保证司法人员的认识主观符合客观。[①] 因此，我国证据制度的理论基础和指导思想是辩证唯物主义认识论，我国证据制度是“实事求是”的证据制度。[②] 尽管对于将认识论作为证据法学的理论基础有学者曾提出反对[③]，但大部分学者仍主张认识论仍是证据法学的理论基础之一。事实真相对于司法裁判制度具有无可替代的基础地位，不同法系和文化尽管关于“真实”的理解不尽相同，但将查明事实真相作为诉讼制度的目标之一，却具有超越时代、超

① 宋英辉，汤维建．证据法学研究述评［M］．北京：中国人民公安大学出版社，2006：1.

② 宋英辉，汤维建．证据法学研究述评［M］．北京：中国人民公安大学出版社，2006：1.

③ 陈瑞华．从认识论到价值论：证据法理论基础的反思与重构［J］．法学，2001（1）：22.

越法系的普遍性。[①] 认定案件事实是对已经发生的案件进行“回复性”认知的过程，这种认知本质上就是一种认识活动，受认识论的调整和支配。但查明案件真相的活动又不同于一般意义上的认识活动，受主客观条件的限制，并不是所有案件的事实真相都一定能被发现或正确发现，人类社会对于案件事实真相的认识具有相对性。因此，不能在诉讼中片面强调反映论和可知论。

在具体的诉讼案件中，对证据材料提出最低证明力的要求，将那些与待证事实关联性过于遥远的、微弱的“问题证据”排除在诉讼证据之外，抑或是将证据不足、不能认定有罪的被告人宣告无罪，并不是对于认识论的违背，而恰是对人类认识局限性的正确评估，是对认识论的遵循。正如恩格斯在批判杜林的形而上学真理观时所指出的，“思维的至上性是在一系列非至上地思维着的人中实现的；拥有无条件的真理权的认识是在一系列相对的谬误中实现的；二者都只有通过人类生活的无限延续才能完全实现。”“从这个意义上说，人的思维是至上的，同样是不至上的，他的认识能力是无限的，同样又是有限的。按它的本性、使命、可能和历史终极目的来说，是至上的和无限的；按它的个别实现情况和每次的实现来说又是不至上的和有限的。”[②] 承认人的思维的局限性和非至上性，在证据法学研究中具有非常重要的意义。在某种意义上，人类认识的局限性和非至上性是大部分证据规则得以存在的前提。正是意识到了人类认识的这种缺陷，所以才会根据长久以来积累的经验和逻辑法则创立证据规则，以克服这种认识上的缺陷。“必须记住，我们的证据规则大都是在多年经验的基础上建立起来的，其宗旨只有一条，就是保证求得案件的客

① 宋英辉，汤维建．证据法学研究述评［M］．北京：中国人民公安大学出版社，2006：1.

② 【德】马克思，恩格斯．马克思恩格斯选集第3卷［M］．北京：人民出版社，1995：427.

观真实，防止发生冤枉无辜的现象。”① 需要注意的是，查明案件事实真相这一目标是以排除那些与证据能力规范要求不相符合的证据材料来实现的，正如著名证据法学者赛耶曾经指出的，“证据法的独特功能在于排除证据”②。排除“问题证据”不是对认识论的违背，而恰是实事求是处理案件的结果。

查明案件事实的关键在于据以裁判的证据本身客观真实，证据的客观真实性直接影响着认定案件事实的准确性。基于此，在理性的证明方式中，确保证据本身客观真实就显得尤为重要。从国外的情况看，由于两大法系审理案件方式的不同，在这一问题上采取了完全不同的处理模式。在英美法系国家和地区的陪审团审判模式下，案件事实由临时召集的普通民众组成陪审团来认定，为帮助陪审团克服专业知识方面的缺陷以及提高案件审理的效率，创设了众多旨在确保证据真实可靠和案件能够迅速审结的证据能力规范，“普通法所特有的证据规则只能在那些为提高事实认定之准确度而设立的排除规则中找到。其考虑的核心是对证据之证明力的要求。在英美法系的法庭上，以某一证据的证明力非常微小或者其与案件的关联性极小为由来反对采纳该证据已经成为一种日常惯例。”③ 在大陆法系国家和地区，一方面案件一般由专业的法官审理，职业法官认识能力和排除“不良信息”影响的能力较强，案件也无短时间内进行集中审理的压力，对于提升事实认定准确高效性方面的证据能力规范的需求并不迫切；另一方面职权主义的诉讼程序对查明案件真相表现出极大的关注，“职权主义的一般原理是探寻与决策者作出决定有关的事实的准

① 【英】K.S. 肯尼，J.W. 赛西尔·特纳．肯尼刑法原理［M］．北京：华夏出版社，2004：484.

② 葛玲．论刑事证据排除［M］．北京：中国人民公安大学出版社，2011：1.

③ 【美】米尔建·R. 达马斯卡．漂移的证据法［M］．李学军，等译．北京：中国政法大学出版社，2003：19.

确、完整的信息。”① 显然，任何旨在对证据作出限制的规范都会同职权主义的这种倾向存在矛盾。因此，相比较而言，大陆法系有关确保事实认定准确性的证据能力规则相对较少，但那种一切与案件有关联的证据在大陆法系都可以采纳的观点也并不准确，如法国的审判法官会拒绝采纳那些缺乏说服力的证据，德国的法庭会拒绝采纳那些使用有争议的事实认定技术所获得的证据。② 总之，虽然两大法系由于审理模式、诉讼价值等方面存在差异，证据能力规范在对证据材料的真实可靠性要求方面存在程度上的差异，但都在不同程度上对证据的真实可靠性提出了要求。

证据的真实可靠性问题一直是我国证据法学理论界和司法实务界关心的问题。我国的刑事审判模式深受大陆法系职权主义的影响，追求事实真相是刑事诉讼程序最重要的价值。但在对证据材料的真实可靠性的要求方面，却没有像传统大陆法系国家那样主要将其视为一个可以由法官依据自由心证原则解决的问题。相反，针对证据材料真实可靠性问题制定了大量预防性的审查判断规范。从《两个证据规定》和《〈刑事诉讼法〉解释》的相关规定看，大部分“问题证据”之所以不能作为定案根据，究其原因还是证据本身的真实性难以保障，如采用可能会影响案件事实认定的准确性。例如，询问证人没有个别进行，有更改或更改迹象不能作出合理解释的书证等。实践中，法官特别重视对证明力的审查，以便防止那些虚假和不可靠的证据转化为定案的根据。通过将虚假的、不可靠的证据排除在定案根据之外，尽一切可能防止冤假错案的发生可以说是《两个证据规定》和《〈刑事诉讼

① 【德】托马斯·魏特根．德国刑事诉讼程序［M］．岳礼玲，温小洁，译．北京：中国政法大学出版社，2003：2.

② 【美】米尔建·R. 达马斯卡．漂移的证据法［M］．李学军，等译．北京：中国政法大学出版社，2003：19-20.

法〉解释》起草者创设诸多“不能作为定案根据”条款的主要目的。我国之所以会对证据的真实可靠性问题作出与传统大陆法系国家迥异的规定，最主要的原因是对于法官能力的担忧和“错案”的恐惧，认为在证据能力的判断上，如果法律规范不提供精确指引，法官将难以胜任，就有可能导致“错案”的产生。如时任最高人民法院副院长的张军在一次讲座中就曾提到，“没有一个严格的证据规定，有了规定又不能严格执行，那肯定是要出错案的。那些因证据问题不予核准的案件，在某种意义上不是‘错案’已经在敲最高法院的大门了吗”。[①] 由此可见，在实事求是诉讼价值观的影响下，出于发现案件事实真相的需要，我国的法官从接触证据材料的那一刻起就对证据材料的真实可靠性格外关注。

三、人权保障价值观

在哲学上，“‘价值’这个普遍的概念是从人们对待满足他们需要的外界物的关系中产生的”[②]。价值是客体对主体的满足。刑事诉讼的目标不仅限于查明案件事实真相，对犯罪分子施以相应刑罚。刑事诉讼法还承载着保障无罪者不受追究、保护基本人权不受侵犯等价值。“一项关于事实认定的制度安排是否值得追求，其判断标准不仅仅在于他们产生准确结果的能力。在司法裁判领域，寻求认知意义上的理想方案与寻求事实认定制度的最佳安排有着不同的趣旨。为什么这么说？显而易见的理由是，对事实的追求仅仅是司法裁判活动的一部分；促进发现真实的那些价值，必须与法律程序的其他相反方向的需求（如社会和平、个人尊

① 张军．刑事证据规则理解与适用［M］．北京：法律出版社，2010：4.

② 【德】马克思，恩格斯．马克思恩格斯选集第3卷［M］．北京：人民出版社，1995：154.

严、裁判的安定性、诉讼成本）达成一种平衡。”[①] 虽然发现“真相”对于诉讼活动的重要性不言而喻，但“真相”对于诉讼活动和纯粹的科学研究有着不同的意义。相比较而言，科学研究更纯粹，是一项只辨真伪、不讲“价值”的活动。[②] 诉讼活动的开展则离不开一系列不在真假纬度之内的价值标准。这说明，诉讼活动至少不全属于认识活动。

在现代法治国家，查明案件真相并不是刑事诉讼的唯一目标。尽管从整体上，发现案件事实真相仍然是刑事诉讼最主要的目标，但正如德国联邦上诉法院在 1960 年的一个案件判决中所指出的，“不惜任何代价来调查案件真相并不是刑事诉讼法的原则”[③]。这表现为，一方面司法机关发现案件真相的行为要受到一定的限制，在调查取证过程中要兼顾被告人人权保障、规范政府执法行为等外在政策目标；另一方面对于不符合外在政策目标要求收集的证据，即使具有证明力，也会被排除。这就是说，不仅要查明案件事实，而且要以符合刑事政策要求的方式查明案件事实。只有以符合刑事政策要求的方式调查并查明案件事实才具有正当性，调查结果才能获得认可。

从国外的情况看，“为了与事实真相的追求无关的诸多价值而排除有证明力之信息的诸多规则显然不是英美法系所特有的。证人特免权就是一个生动的例子：证人特免权不仅在大陆法系普遍适用，而且其范围经常更为广泛——与英美法系相比其包含更

---

① 【美】米尔吉安·R. 达马斯卡．比较法视野中的证据制度［M］．吴宏耀，魏晓娜，等译．北京：中国人民公安大学出版社，2006：14.

② 【英】罗素．宗教与科学［M］．徐奕春，林国夫，译．北京：商务印书馆，2000：119.

③ 【德】托马斯·魏特根．德国刑事诉讼程序［M］．岳礼玲，温小洁，译．北京：中国政法大学出版社，2004：187.

多的内容”。[①] 证据能力规范被赋予促进证据真实可靠以及提升法庭审判效率之外的价值经历了一个相对缓慢的过程。在法国大革命爆发之前，证据能力规范由技术性规范向政策性规范的转变在普通法系就已经初露端倪，并在相当长的时间内以比较缓慢的节奏逐渐发展；而且这种发展趋势在“二战”之后骤然加剧，并在世界范围内产生重大影响。而大陆法系国家的证据能力规范直到“二战”后才出现，且从一开始就是一种政策性规范，其目的并非确保案件真相的查明，而是为实施文明、法治国家赖以为基础的各项政策。[②] 国外有关政策性证据能力规范产生及发展的历史表明，一方面从时间上看，政策性规范的产生要晚于旨在确保证据材料本身真实可靠的技术性规范，有关证据调查正当性的要求是人类社会文明发展到一定阶段的产物；另一方面对于证据真实可靠性的要求仍然是证据能力规范的最基本要求，虽然政策性规范的实施会导致查明案件事实真相受阻，但这并不是刑事诉讼的常态。

在我国，因违反政策性规范要求丧失证据能力的不合格证据仅仅是非常微小的一部分，即《刑事诉讼法》第 56 条规定的采用刑讯逼供等非法方法收集的犯罪嫌疑人、被告人供述和采用暴力、威胁等非法方法收集的证人证言、被害人陈述以及收集程序不合法，可能严重影响司法公正，不能补正或者作出合理解释的物证、书证。之所以要将上述证据排除，证据本身是否真实可靠并不是主要因素，主要是基于保障人权、维护司法公正等外在刑事政策的考虑。对于这类证据，评判依据是“善”不“善”，而非“真”不“真”。

---

① 【美】米尔建·R. 达马斯卡．漂移的证据法［M］．李学军，等译．北京：中国政法大学出版社，2003：17-19.

② 孙远．刑事证据能力导论［M］．北京：人民法院出版社，2007：46，63.

四、多元价值平衡观

建立证据规则的首要目的在于发现事实真相，但查明案件事实也需要兼顾诉讼效率、人权保障等其他司法价值。这些价值之间并不总是协调一致，有时甚至会出现激烈的冲突，这就需要在诉讼活动中对这些价值进行衡量和取舍。具体到处理“问题证据”的规则上，利益衡量主要体现在两个阶段：一是在规则的制定阶段，立法者或司法解释的起草者所进行的初次衡量，如确立非法证据排除规则、瑕疵证据补正规则等；二是在规则的实施阶段，法官将证据规则具体运用到案件中所进行的二次衡量，如对于非法实物证据是否需要排除，应当综合考虑收集物证、书证违反法定程序以及所造成后果的严重程度等情况来决定。一般而言，在诉讼活动中运用利益衡量方法处理“问题证据”应遵循以下三个步骤。

（一）利益识别

所谓的利益识别是指在作出决定之前就相关利益类型进行收集和整理。利益识别是发现利益的过程，识别利益是利益衡量的前提和基础。“在证据法中的价值冲突有三种情形：一是秩序、自由、公正、效率等法律价值与婚姻家庭保护、特定职业保护、特定社会制度促进等社会价值之间的冲突；二是公正与效率、程序正义与实质正义等法律价值之间的冲突；三是客观真实的目的与特定的法律价值或社会价值之间的冲突。其中，第三种冲突是证据法的特殊问题和重心。”① 证据的采纳与排除是证据法的核心问题，上述价值冲突在处理“问题证据”过程中都会不同程度地涉及，但法官考虑最多的可能还是如何处理好实质公正与程序公正的关系。需要注意的是，一方面利益衡量方法的使用具有特定

---

① 高家伟，邵明，王万华．证据法原理［M］．北京：中国法制出版社，2004：189.

性，作为法官，只有在无相关规定或相关规定不明确时才能适用，如果相关规定已明确，则应按照法律规定进行处理，不得脱离法律规定；另一方面利益识别具有局限性，利益识别的一大难题就是并非所有的利益都有人主张，这就要求利益衡量者在作出决定之前，不仅要听取控辩双方的诉求，而且要尽可能全面地了解与案件处理相关的利益。

（二）利益比较

利益比较也可称之为利益分析，就是对识别发现的各种利益进行比较分析，为随后的取舍做准备。“利益分析阶段的主要任务是筛选出重要的、值得考虑的利益，必要时予以排序，寻找不同利益之间的共同点或者冲突。”① 证据采纳与排除过程中的利益衡量受刑事诉讼活动目的制约。总的来看，刑事诉讼活动主要是围绕打击犯罪与保障人权两条主线来展开的。一般认为，打击犯罪与保障人权是一对此消彼长的矛盾关系，因而诉讼法学界普遍认为在刑事诉讼中应当平衡两者的关系，因为过于强调打击犯罪，就会产生损害人权的结果，而过于强调保障人权，则会影响实现打击犯罪的需要。有学者认为：“由于这两种价值并不处于同一阶位，不应该也不会发生人们所设想的这种矛盾关系，两者并非此消彼长的关系。”② 正如该学者在论证时所说“不论是从历史还是从现实来看，刑事诉讼的发动，其目的就在于发现、揭露、证实、惩罚犯罪，这个实体公正的基本目标古今中外并无例外。而强调权利保障则意味着要求采用文明的、规范的、科学的程序和方法实现刑事诉讼的这个目标”③，因而两者并不是同一阶

① 高家伟，邵明，王万华．证据法原理［M］．北京：中国法制出版社，2004：189.

② 王敏远．一句谬误、两句废话、三种学说［M］．北京：中国政法大学出版社，2013：250.

③ 王敏远．一句谬误、两句废话、三种学说［M］．北京：中国政法大学出版社，2013：250.

位的价值。但也不能因此就说明两者完全不存在矛盾，排除非法获取的真实口供就是在查明犯罪事实与保障人权之间的冲突进行权衡作出的选择。同时，两者价值阶位虽不同，但并不能否定两者之间可能存在冲突。事实上，也正是承认打击犯罪这一实体目标在刑事诉讼中所具有的普遍价值，才会将非法证据等保障人权的规则的适用限制在特定范围之内。

（三）利益权衡

利益权衡就是在对各种利益进行对比分析的基础上，根据不同利益的重要程度作出相应的取舍。总体上看，这种“取”或“舍”是相对的，不存在绝对的放弃或者牺牲，而是局部进行的利益分配，如果是水火不容的利益，则难以通过平衡来处理。协调利益的方法主要有“原则加例外”、区别对待、“替代性方案”三种。[①] 在“问题证据”的采纳与排除过程中，主要涉及的是前两种。所谓原则加例外，就是将某种主要价值确定为原则普遍适用，其他价值只有在例外情况下才会适用，如发现案件事实真相是刑事诉讼活动的主要目的，发现事实真相的价值在刑事诉讼活动中具有普遍意义，排除有助于案件事实真相发现的证据材料在一般情况下是不被接受的，除非该证据材料的取得已经严重影响到了人权保障。所谓区别对待就是由法官根据具体情况来决定不同利益的取舍，法律规范事先不作明确的规定，如对于是否排除非法实物证据，法律更多将决定权赋予了法官。由法官根据违法的程度、违法行为对证据客观真实性的影响等，来作出决定。

---

① 高家伟，邵明，王万华．证据法原理［M］．北京：中国法制出版社，2004：189.

第二章 常见“问题证据”的类型

“证据的分类，是指在理论研究上将刑事证据按照不同的标准划分为不同的类别。其目的在于研究不同类别证据的特点及其运用规律，以便于指导办案工作。研究证据的分类，实质是研究运用证据的客观规律，以便提高运用证据查明事实真相的能力。”[①] 对刑事审判“问题证据”进行分类研究，也旨在对不同类型“问题证据”的特点和运用规律进行分析，梳理归类，帮助人们正确地认识和处理“问题证据”。

一、“问题证据”的分类及意义

（一）分类的意义

1. 有助于提升刑事案件的办案质量

分类是一种把握事物共同性质同时辨认、识别事物特性的逻辑手段。“分类不仅使人的认识条理化，更能实现处置上的目的性和有效性”。[②] 长期以来，由于我国《刑事诉讼法》没有关于证据能力的具体规定。实践中，凡是符合证据表现形式的证据都可以进入法庭调查程序，即便是大多数归属模糊的证据材料，也总能够找到可以依托的法定证据形式而作为证据在法庭出示，法官对于证据能力问题很少关注，只要证据材料本身是客观真实的，

① 樊崇义．证据法学［M］．北京：法律出版社，2008：244.

② 龙宗智．证据法的理念、制度与方法［M］．北京：法律出版社，2008：50.

法官就有可能将其采信并作为定案的根据。这种证据材料毫无限制、直接涌向法庭的做法，一方面使得当事人对那些违反法律程序的取证行为无法获得有效的司法救济，导致控辩力量进一步失衡，并在一定程度上纵容了侦查机关的违法取证行为；另一方面证据材料未经必要的过滤和梳理直接进入法庭，加大了法官审查判断的难度，为冤假错案的发生埋下了隐患。对“问题证据”进行类型化研究，有助于法官在明确不同类型“问题证据”的基础上，运用证据能力规则作出针对性的处理，对提升案件审理的质量和效率均大有裨益。

2. 有助于我国刑事诉讼证据规则的逐步完善

缺少具有可操作性的证据规则，一直是困扰我国司法实践的一个难题，在《两个证据规定》颁布以前，“受多方面因素的制约，现行刑事诉讼法[①]尽管宣示了很多有益的原则和理念，却由于立法技术的限制，造成不少制度和规则不具有可操作性。究其原因，对于那些违反法律程序的行为没有确立宣告无效的程序后果，使得当事人无法对那些违反法律程序的行为获得有效的司法救济。”[②] 这种状况，随着《两个证据规定》的实施、2012 年《刑事诉讼法》的修改及其司法解释的出台，得到了根本性改变。在《两个证据规定》和《〈刑事诉讼法〉解释》中，司法机关对有问题的证据如何处理进行了尽可能详细的规定，为司法人员适用并据此排除问题严重的证据提供了可能。但在排除规范颇为繁荣的背后，折射出的却是我国证据规则匮乏或不能充分发挥作用的无奈。这种无奈，一方面表现为一些操作规范本身是否符合证据规则的要求值得商榷，如大面积地允许对“问题证据”进行补救可能带来的对证据规则本身的伤害；另一方面表现为统领不同操作规范的证据规则之间还存在冲突，如被告人如实回答义务与

---

① 指 2012 年《刑事诉讼法》。

② 陈瑞华，刑事司法改革的重大突破［N］．人民法院报，2010-06-06（2）．

任意自白原则之间的不协调等。对“问题证据”进行类型化研究，可以促进不同类型证据规则之间内部紧密协调，外部有序衔接，促进证据规则系统的完善。

3. 有助于将“问题证据”的研究引向深入

刑事审判中的“问题证据”尽管表现各异，各自的处理规则也不同，但在本质上都属于证据能力问题。对“问题证据”进行分类研究，一方面有助于克服以往研究中在证据资格层面对客观性、关联性关注不够的不足，更加系统全面地看待“问题证据”；另一方面通过对不同“问题证据”之间的异同进行比较分析，有助于从人权保障、案件事实认定等角度明确不同类型“问题证据”的危害，完善相关的处理规则，实现实践—理论—实践的良性循环。

（二）分类的标准

确立科学的分类标准是对事物进行分类的基础。衡量分类是否科学，除了在纯技术层面要求无遗漏、不重复以外，还要能够实现特定的功能，满足人们运用证据的需要。鉴于尚没有人将“问题证据”作为一个专门术语对不符合证据能力规范要求的证据进行概括，因此，也就无法找到直接对“问题证据”进行划分的参照。但在一些与“问题证据”相关的研究中，人们对相关证据所进行的划分，对于本书的研究还是非常有启发意义的。尤其是以证据“三性”为标准对不适格证据进行的划分，无论是在划分依据确定上，还是在证据类型的界定上，都为本书的研究提供了重要的参考。此外，以违法程度为标准对“不规范”证据所进行的划分，以是否丧失证据能力为标准对违法证据的划分对本书亦有参考作用。

1. 以违法程度为标准进行划分

有学者在对我国司法实践中取证不规范问题进行研究时，提出了“不规范证据”的概念，将不符合法律规范要求所形成的证据材料称之为“不规范证据”。在此基础上根据违法程度的不同，将不规范证据分为“非法证据”“要件欠缺证据”和“瑕疵证据”三类。非法证据是指通过不符合或违反法律规定的程序或手段取得的证据，这类证据不仅在形式上表现为程序不规范（违反法定程序），而且在实质上对公民权利造成侵害，其不规范程度最大。要件欠缺证据是指收集证据的主体和证据的表现形式不符合法律规定的要件而形成的证据材料，其不规范程度次之。瑕疵证据是指取证的主要程序、手段、方法合法，仅在某些环节上存在一定的缺陷或轻微的技术性违法，未侵害犯罪嫌疑人、被告人相关权利所获得的证据材料。[①] 在文中，笔者还对将违法证据视为非法证据而一概排除或将存在严重违法的证据等同瑕疵证据允许补正后使用的做法提出了质疑，主张根据证据的违法程度来决定证据的采纳或排除。

此种分类方法按照证据材料形成过程中违法程度的高低，对“不规范证据”进行划分，并根据收集证据过程中违法行为程度的不同提出了相应的处理原则和方法，具有很强的实践意义和理论上的创新性。但这种分类方法一方面在概念上仍存在将非法证据同违法证据相混淆的情况，如在笔者看来，主体不合法、程序不合法证据属于非法证据；另一方面这种划分对于“问题证据”来说仍有其局限性，仅限于违法证据，不能适用于所有的“问题证据”。因为“问题证据”除合法性存在缺陷的证据外，还包括证据因其自身的特性导致关联性和客观性存在缺陷的证据等。

2. 以是否丧失证据能力为标准进行划分

有学者在研究瑕疵证据过程中，从证据可采性角度入手，按照证据是否具有证据能力，将刑事审判中的证据分为有证据能力证据（合法证据）、证据能力待定证据（瑕疵证据，即轻微违法

① 韩旭．刑事诉讼中不规范证据的处理［J］．成都大学学报（社会科学版），2008（2）：6-8.

证据）和无证据能力证据（取证手段或程序违法的非法证据和欠缺法定要素的证据）。[①] 也就是说，以是否丧失证据能力为标准，违法收集的证据可以分为证据能力待定的证据与无证据能力证据。此种划分表面上看以是否具有证据能力为标准，实质上仍是以违法程度为衡量的标准，不同之处在于引入了证据能力概念，将违法程度较低的瑕疵证据视为证据能力待定证据，用无证据能力证据同违法程度较为严重的非法证据和其他违法证据对应。作者的这种研究在视角上无疑是新颖的，但也同样存在可商榷之处。

一是证据能力之判断，要么有，要么无，不存在既有又无的待定状态。在此，笔者似乎想援用大陆法系民法理论关于民事行为效力待定理论来阐释证据能力问题。从《合同法》第 48 条规定的情况看，合同效力待定针对的是无权代理之行为，解决的是行为人没有代理权、超越代理权或者代理权终止后以被代理人名义订立的合同的效力问题。对效力待定的合同，被代理人事后追认则取得效力，否则视为无效。就瑕疵证据而言，其不存在无权代理问题，瑕疵证据是法定主体收集的存在轻微违法的证据，如果收集证据的主体不合法，则属严重违法，该证据应予以排除。此外，对瑕疵证据进行补救是在确认瑕疵证据属于“问题证据”的前提下，考虑到证据资源有限、瑕疵证据违法程度较低等因素，基于发现案件事实真相、打击犯罪的需要所作的一种特殊处理，所遵循的思路是先确认瑕疵证据，明确其属于无证据能力证据，然后再对其进行处理。

二是作者将合法证据、瑕疵证据与无证据能力证据作为并列的三种证据类型存在划分标准不统一的问题。一方面如果以证据是否合法为标准，则可将证据划分为合法证据与违法证据，违法

---

① 万毅．论瑕疵证据——以“两个《证据规定》”为分析对象［J］．法商研究，2011（5）：120.

证据又可按照违法程度的不同分为非法证据、瑕疵证据等。瑕疵证据属于轻微违法证据，是违法证据的一类，其同合法证据并不是一个层次上的问题。另一方面如果以是否具备证据能力为标准，证据可以分为有证据能力证据与无证据能力证据。无证据能力证据又可作更进一步的划分，如非法证据、瑕疵证据及其他违法证据等。因此，瑕疵证据在逻辑层次上属于违法证据或无证据能力的下位概念，不能将其与合法证据及无证据能力并列。此外，这种划分同“不规范证据分类法”一样，亦未能将具有合法性，但客观性、关联性存在缺陷的证据囊括其中。

3. 以证据“三性”为标准进行划分

有学者从证据能力角度入手，将证据的客观性、关联性和合法性作为证据是否合格（具有证据能力）的判断标准，将证据分为适格证据与不适格证据。其中，不适格证据又可分为完全不适格证据和部分不适格证据。所谓完全不适格证据，即获取的证据由于某些原因直接影响证据的真实性、可靠性，或因取证手段非法而丧失证据能力。完全不适格证据包括非法证据，不具备关联性的证据和真实性不可靠的证据以及其他除了非法证据之外违法情节严重需要排除的证据。部分不适格的证据，则主要是指瑕疵证据，即证据在客观性和关联性上没有问题，但存在轻微违法的情况。①

这种分类方法注意到了证据能力除了合法性之外，还应包含客观性和关联性的要求，并在此基础上主张以证据“三性”作为判断证据材料是否符合证据能力规范要求的标准，克服了单纯以证据合法性为标准进行划分所带来的对在客观性、关联性上存在缺陷的证据无法涵盖的不足，是一种较为科学的分类方法。但在有些方面似乎还有进一步丰富完善的必要：一是非法证据并非一

---

① 周欣，马英川．论刑事诉讼中瑕疵证据的概念与特征［J］．法学杂志，2012（11）：25.

定就是完全不适格证据，至少非法实物证据是如此。从国外的情况看，对于实物证据有很多国家允许法官根据案件具体情况作出是否需要排除的决定，如英国、加拿大、日本等。我国《刑事诉讼法》第56条关于非法书证、物证的规定也是如此。二是“完全”和“部分”的提法似乎也有值得推敲之处，“完全”不合格是否意味着证据“三性”同时存在缺陷？其实不然，证据只要“三性”中有“一性”存在缺陷就是不合格证据。此外，笔者用“部分”指称瑕疵证据，欲突出的是瑕疵证据在违法程度上的轻微，但瑕疵证据与非法证据均是因违法而不具备证据能力的不合格证据，在这一点上，两者是一致的。两者之间只有程度上的区别，而无“全部”或“部分”之分。三是非法证据与其他较为严重的违法证据在形式上都表现为违法，但排除两者的理由有时可能大相径庭。两者之间在本质上有何区别似乎需要进一步澄清。

4. 以证据“三性”为基础进行划分

证据规则根据设立依据和原因的不同，一般可分为两类。一类主要以证据是否可靠（是否客观，同案件待证事实是否存在关联）为着眼点兼顾诉讼效率，旨在确保查明案件事实的准确便捷，如最佳证据规则、传闻证据规则、品格证据规则等。另一类是为实现特定刑事政策而设立的证据规则，对于这类证据规则证据是否真实可靠并不是其关注的主要对象，旨在确保采纳证据的正当性，如非法证据规则、特权免证规则等。“问题证据”作为不符合证据能力规范要求的不合格证据，要么是对第一类规则的违反，要么是对第二类规则的违反。也就是说，在刑事审判阶段，按照问题本身性质的不同，“问题证据”总体上可以分为违反可靠性规则的“问题证据”和违反正当性规则的“问题证据”两类，具体表现为对于证据客观性、关联性和合法性中“三性”或“一性”的违反。在应然状态下，只要证据“三性”中有“一性”存在问题，证据就不能作为诉讼证据使用。但在实践中，部分“问题证据”虽在客观性、关联性和合法性上存在瑕疵，但对证据的真实性和正当性尚未造成实质性损害。对于这类瑕疵证据一般不会直接排除，要么是在补救后，视补救情况决定是否排除，要么根据案件情况裁量是否排除。

因此，本书在坚持将证据“三性”作为判断“问题证据”标准的基础上，根据“问题证据”性质及缺陷程度的不同对“问题证据”进行分类。根据问题性质及证据缺陷程度的不同，结合案件审理的需要，可将我国司法实践中的“问题证据”分为缺失性证据、非法证据及瑕疵证据三类。其中，缺失性证据是指没有客观性、关联性或客观性、关联性严重不足以及收集证据的主体资格、程序、表现形式等不符合法律要求，严重影响证据真实性的“问题证据”；非法证据是指通过刑讯逼供等非法手段收集，严重侵犯被取证人基本权利的“问题证据”；瑕疵证据是指证据在客观性、关联性上没有问题，但在证据形式等方面存在轻微违法的“问题证据”。

5. 关于“问题证据”的其他分类

按照目前的法律规定以及处理“问题证据”的需要，我们还可以根据“问题证据”的表现形式，将其分为言词“问题证据”与实物“问题证据”；也可以从是否允许补救的角度，将“问题证据”划分为允许补救的“问题证据”与不允许补救的“问题证据”。这些划分方法，从分类的科学性角度看虽不一定严密，但有利于从不同侧面了解“问题证据”的特性，帮助我们进一步把握不同“问题证据”的特点，从而对“问题证据”进行科学处理。

(1) 言词“问题证据”与实物“问题证据”。根据证据形成的方法、表现形式、存在状况、提供方式的不同，可以把证据分为言词证据和实物证据。通常认为，言词证据又称为人证，是指以人的语言陈述为存在和表现形式的证据，包括证人证言，被害人陈述，犯罪嫌疑人、被告人供述和辩解，鉴定意见等；实物证据是指以实物形态为存在和表现形式的证据，又称为广义上的物证，包括物证、书证、视听资料、电子数据等具有实物形态的证据以及各种形式的笔录。①

言词证据具有直观性和易变性两个突出的特点。直观性方面，言词证据大都是当事人、证人等对其直接或间接感知的案件事实的复述，往往能够较为形象生动、详细具体地反映案件事实，能够帮助司法人员迅速把握案件的来龙去脉，具有实物证据无法比拟的优点。易变性方面，言词证据提供者对案情事实的折射反映，受主、客观方面因素的影响，这种反映现象便有可能失真，或者不完全符合案情的本来面目，而且又常常反复多变、真假难辨。与言词证据相比，实物证据最突出的特点是客观性、稳定性强，不易失真。实物证据往往伴随着案件的发生而形成，一般难以伪造，而且是司法人员通过勘验或搜查、扣押而获取的，一经收集保全后，就可以长期保持其原有形态，成为证明案件事实的有力证据，这是优点。但实物证据除录音、录像等视听资料外，都是一些无声无息的、孤零零的实物或痕迹，不能直接反映案件情况，需要借助其他科技手段或证据才能揭示其内容，具有间接性。将“问题证据”划分为言词“问题证据”与实物“问题证据”，至少在以下两个方面具有重要意义：

一是与“问题证据”的适用规则密切相关。基于对实物证据客观性更强、更不易受到干扰的认识，以及实物证据较之言词证据取得之更为不易的实际状况，无论是理论界还是实务界，对于实物证据均给予了更多的忍耐和宽容。按照《刑事诉讼法》第56条的规定，对于非法言词证据，采用的是强制排除原则，即只要一经查实，就应排除；对于违反法定程序收集的实物证据，则采取了裁量排除原则，即只有当这些违法取得的物证、书证严重影

---

① 樊崇义. 证据法学［M］. 北京：法律出版社，2008：229.

响司法公正并不能进行补正或作出合理解释时，才予以排除。纵观《刑事诉讼法》及其司法解释以及《两个证据规定》关于“问题证据”的规定，对于实物“问题证据”无一例外体现了宽容，除非实物证据与案件事实无关联或经查不实，否则均或明或暗，不同程度地允许对实物“问题证据”进行补救。这与径直否定大量言词“问题证据”，并将其直接排除在定案根据之外的做法，形成了鲜明对比。

二是与“问题证据”的具体取舍密切相关。根据不同“问题证据”的缺陷，结合其特性来判断问题严重程度，进而决定对“问题证据”采取什么样的立场和处理方法。对于实物证据，只要来源、取得、保管链条完整可靠，鉴定依据充分，结论科学可靠，即便是非法取得，只要没有严重影响司法公正，则可采用。但如果其来源、收集、提取、保管、出示等环节存在问题，则直接威胁到其真实性。因此，对于来源不明的“问题证据”和关联性不够明确的“问题证据”以及书证、物证收集不规范而致证据真伪无法判断的“问题证据”，除非能作出必要的解释或合理说明，否则将会被排除适用。对于言词证据，只要证据的缺陷不影响证据内容提供主体的“真言流露”，法律便允许对缺陷进行补正或合理解释，使其缺陷得以弥补。即便是要求最为严苛的讯问笔录，若存在的缺陷仅是由于讯问人没有签名，那么也不会断然否定其证据能力，而是设法治愈。究其原因，乃是因为言词证据的真实可靠性与证据主体表达是否自由、自愿密切相关，与讯问人员是否签名并无直接关联。

(2) 可补救的“问题证据”与不可补救的“问题证据”。根据在法院审理阶段是否可以对“问题证据”进行补救，可以把“问题证据”分为允许补救的“问题证据”与不允许补救的“问题证据”。允许补救的“问题证据”是指根据法律或司法解释的规定，对在法院审理阶段发现存在缺陷的证据，允许侦查机关或公诉机关以一定的形式对证据缺陷予以补救，如果缺陷能够得到弥补，则取得证据能力，能够对其证明能力作进一步评判的证据。之所以允许对部分“问题证据”进行补救，是因为其违法程度轻微，基于价值考量等原因，允许侦查机关在法院诉讼阶段通过补正或合理解释等手段对其进行补救完善，以便于完成查明案件事实、惩罚犯罪。根据法律或司法解释的规定，不允许补救的“问题证据”是指因证据真实性或正当性缺失而直接排除，不能作为证据使用或不能作为定案根据的证据。从总体上看，不允许补救的“问题证据”主要是非法言词证据和缺失性证据。

需要注意的是，在《两个证据规定》《刑事诉讼法》及《〈刑事诉讼法〉解释》中，除了个别条款明确规定瑕疵证据可以补正或合理解释以外，还规定了大量的隐性补救条款，如《办理死刑案件证据规定》第 8 条规定的“书证有更改或者更改迹象不能作出合理解释的……不能作为定案的根据”，倒过来理解就是书证有更改或更改迹象能作出合理解释的，可以作为定案的根据。这种貌似排除的规定，实际上是一个补救条款。类似的规定，在《办理死刑案件证据规定》和《〈刑事诉讼法〉解释》中大量存在，远远超过了非法实物证据和瑕疵证据的规定。

二、缺失性证据

缺失性证据主要是指由于证据本身特性或侦查人员违法收集等原因导致证据本身严重失真或真实性难以保障的证据。同非法证据主要是基于外部的人权保障等价值对证据材料进行评判不同，缺失性证据则主要以证据材料真实性与关联性是否受到影响作为着眼点，主要包括：一是违反法律规范收集致使证据真实性难以保障的证据，如《〈刑事诉讼法〉解释》第 81 条规定的讯问笔录没有经被告人核对确认等；二是提供证据主体不适格导致证据真实性难以保障的证据，如生理上、精神上有缺陷或者年幼，不能辨别是非、不能正确表达的人所提供的证言等；三是关联性较弱或与案件待证事实无关联的证据，如《〈刑事诉讼法〉解释》第 85 条规定的鉴定意见与案件待证事实没有关联的情况等。证据是否客观真实与案件事实认定的准确性息息相关，是每个刑事案件审理都绕不开的话题。尽管我国在 1996 年修改《刑事诉讼法》时引入了对抗制诉讼的某些因素，但法官在刑事审判中并不是消极的仲裁者，负有积极查明案件事实真相的义务。在 2012 年《〈刑事诉讼法〉解释》关于不同种类证据审查认定的相关规定中，绝大多数内容均与证据的真实可靠性相关，对法官审查判断证据作出如此细致之规定，在传统大陆法系国家和地区实属罕见。这种规定一方面体现了我国法律对于案件事实真相的不懈追求，另一方面似乎也隐含着法律规范制定者对于法官审查判断证据能力的某种担忧。这凸显了我国《刑事诉讼法》对于证据真实性问题以及以此为基础的事实认定问题的重视。

需要注意的是，按照我国传统证据法学理论的观点，证据具有合法的形式也是证据合法性的要求之一，如果侦查人员所收集的证据不符合法律规定的形式，也属于违法。对于证据形式不合法，应视具体情况认定：一是对于违反现行法律规范收集的证据，可以将其视为缺失性证据。证据的形式对内容具有促进和保障作用，证据的形式往往同一定证据规则的运用相联系，对于传统的诉讼材料或能够被现有证据种类划分体系所容纳的证据材料，如果侦查人员未按法律规定的方式收集固定，则属于违法证据。二是对于证据形式不能被现有法律规定所涵盖，也就是新的证据材料从理论上讲也属于证据形式不合法，但这一类证据之所以成为“问题证据”与证据立法体系不科学有关，不属于本书所称之“问题证据”。从司法实践看，只要证据具备关联性、真实性且由合法主体经合法程序收集，一般都认可其证据能力，这类证据的形式不合法并没有成为其作为诉讼证据使用的障碍。

（一）合法性缺失证据

合法性缺失证据是指在收集主体、程序及形式上违反了《刑事诉讼法》关于收集证据的相关规定，且这种违法行为对证据的真实性造成了严重侵害，故将其直接排除在定案根据之外。合法性缺失证据与非法证据、瑕疵证据虽同为违反法律收集的证据，但三者在违法的性质和程度上存在差别。在性质上，非法证据系从收集证据正当性角度对“问题证据”进行的界定，侧重于手段的非法；而合法性缺失证据与瑕疵证据系从收集证据关联性、真实性角度进行的界定。在对案件关联性、真实性的影响上，合法性缺失证据比瑕疵证据大，已经不能作为诉讼证据使用，而瑕疵证据则真实性、关联性一般不受影响。法律规范关于合法性缺失证据的规定，最为典型的是《办理死刑案件证据规定》第 13 条、第 20 条、第 24 条以及《〈刑事诉讼法〉解释》第 76 条、第 81 条、第 85 条、第 90 条规定的相关证据。对于这类证据，《〈刑事诉讼法〉解释》没有给予侦查机关补救机会，而是作出了不能作为定案证据的规定。具体包括：

1. 主体不合法

其包括提供证据主体不合法和收集证据主体不合法两种情况。对提供证据的主体资格作出规定，主要是为了保障证据提供者所提供的证据符合客观实际。以证人为例，作为知道案件事实情况并向司法机关提供证言的人，其必须具备一定感知能力和表达能力，既要能感知当时发生了什么，还要能通过语言、手势等方式向司法机关较为准确地表达所发生的情况。如果辨别、感知、表达能力存在缺陷，则势必会对证据的客观真实性造成影响，为此须对提供证据的主体资格进行一定的限制，排除感知能力和表达能力有缺陷者提供的证言。实践中，提供证据主体不合法的情形主要包括：处于明显醉酒、麻醉品中毒或者精神药物麻醉状态，以致不能正确表达的证人所提供的证言；生理上、精神上有缺陷或者年幼，不能辨别是非、不能正确表达的人提供的证言；不具备法定资格的鉴定人或鉴定机构所作出的鉴定意见等。

按照我国《刑事诉讼法》和《监察法》的规定，有权收集证据的主体包括人民法院、人民检察院、监察机关、公安机关工作人员，律师以及自诉案件当事人。其中，公安机关、监察机关、检察机关和人民法院拥有较为广泛的调查取证权，律师和自诉案件当事人和附带民事原告人拥有一定的调查取证权。需要注意的是，按照《刑事诉讼法》第54条的规定，行政机关在行政执法和查办案件过程中收集的物证、书证、视听资料、电子数据等证据材料，在刑事诉讼中可以作为证据使用。该条规定是《刑事诉讼法》对于行政机关取证结果的有条件追认，并不是赋予行政机关刑事调查取证权。实践中，违反《刑事诉讼法》关于取证主体专门化、特定化收集的“问题证据”主要包括：一是无取证权的组织或个人实施的取证行为，如“私家侦探”所取得的证据。二是有取证权的机关内部不具有取证资质的个人取证，如没有侦查权的协警、保安等所进行的“侦查”取证行为。三是有权取证机关超出职权行使侦查权所收集到的证据，如人民检察院行使了本该由公安机关行使的普通犯罪的侦查权，并由此而收集到的证据等。四是收集证据主体的数量不符合法律规定，如讯问犯罪嫌疑人的侦查人员少于2人等。

关于取证主体的资格限制，理论界有不同观点。有学者认为，由于法律解释上缺乏依据、法理基础缺位以及法律实践中导致的悖论，我国传统证据法学所主张的取证主体合法性理论其实并不是一项科学合理的证据学理论，应当予以扬弃。[①] 该学者根据取证过程或手段是否使用强制力，将取证分为适用强制取证和任意取证。对于任意取证，因不涉及强制力的动用和对公民基本

① 万毅．取证主体合法性理论批判［J］．江苏行政学院学报，2010（5）：114.

人权的强制性干预，因此不限于司法人员，原则上任何人均可为之。[①] 从《刑事诉讼法》的规定看，对取证主体在法律上进行一定限制是合理且必要的。之所以法律要对取证主体进行限制，主要是因为特定主体所具有的专业资质和责任约束。而这其中，责任约束有时甚至比专业资质更为重要。因为，专业素质不佳影响的只是收集证据的质量，但如果取证主体缺乏责任约束，则可能会侵害正常的社会生活秩序。“私家侦探”在专业取证水平上有时可能不逊于警察，但在责任约束机制不健全的情况下，允许国家专门机关之外与案件事实无关且以营利为目的的机构或个人取证具有很大的潜在危害性。实际上，对取证主体进行限制，也并非我国独有，对取证主体资格进行规范的做法国外也是存在的。[②]

关于讯问主体数量的规定，理论界也有争论。在 2018 年刑事诉讼法学研究会年会上，有代表针对刑事诉讼法有关讯问必须由两名办案人员进行的规定，提出同步录音录像下单警讯问问题。他们认为，当前我国公安机关案多人少的矛盾比较突出，基层警力不足，随着科技的发展，同步录音录像制度的实施，民警要求实行单警讯问的呼声高涨。反对者认为：首先，目前录音录像还无法做到全面覆盖。如果要实现单警讯问，至少要做到同步录音录像全覆盖。但目前即使在沿海发达地区也无法做到这一点，侦查机关只能选择法定的几类案件，其他大部分案件还不能实现。其次，目前录音录像过程还不够规范。侦查阶段讯问犯罪嫌疑人的录音录像存在不规范之处，包括录制程序、录制人员、录制地点都经不起推敲。最后，单警讯问难以督促警察讯问过程遵纪守法。单警讯问对民警的业务素质、职业道德提出很高的要求，对

---

① 万毅．取证主体合法性理论批判［J］．江苏行政学院学报，2010（5）：113.

② 龙宗智．证据法的理念、制度与方法［M］．北京：法律出版社，2008：100.

其讯问技巧、证据运用意识与能力提出更严的期待。如果讯问时存在骗供、诱供、逼供等问题，就很难保证单警讯问过程的规范性。[①] 在目前录音录像难以全覆盖，录音录像的客观性、准确性、全面性难以保证，侦查人员职业素质能力尚不完全匹配的情况下，单警讯问作为一种制度确立似乎为时尚早。但是否所有单警讯问取得的证据都一律排除，则可采取个案严格审查的方法，由法官根据录音录像、取证者自身素质、取证情形等具体因素决定。如按照《办理死刑案件证据规定》第 30 条规定，主持辨认的侦查人员少于二人的，通过有关办案人员的补正或者作出合理解释的，辨认结果可以作为证据使用。

2. 程序不合法

程序不合法证据是指未按法律规定的方法步骤收集的“问题证据”。广义上讲，非法实物证据和部分瑕疵证据也属于收集程序违法的证据，但由于上述两种情形较为特殊，本书将在非法证据和瑕疵证据中进行专门研究，这里的收集证据程序违法并不包含上述两种情形。收集证据的程序对于证据的客观性具有促进和保障作用，违反法定程序收集的证据往往因真实性无法保障而被排除。如辨认中给辨认人明显暗示或者明显有指认嫌疑；辨认前使辨认人见到辨认对象；辨认活动没有个别进行等违反辨认程序规定收集的证据。有时，违反法律规定收集证据不仅会导致证据的客观真实性难以保障，而且还会侵害被取证人的合法权利，如首次讯问被告人没有告知被讯问人相关权利和法律规定，讯问聋、哑人，应当提供通晓聋、哑手势的人员而未提供；讯问不通晓当地通用语言、文字的被告人，应当提供翻译而未提供等。可见，违反法定程序所收集的证据是一类较为特殊的“问题证据”，该类证据在收集过程中对被取证人的诉讼权利和证据的客观真实

---

① 唐亚男．新时代中国特色刑事诉讼制度的新发展——中国刑事诉讼法学研究会 2018 年年会综述［N］．北京：人民法院报，2018-10：31-36.

性均会不同程度造成影响，具有混合性。从刑事政策角度考察，这类证据由于在收集过程中侵犯了被取证人（尤其是犯罪嫌疑人）获得翻译、律师帮助，申请鉴定人员回避等诉讼权利，即便证据本身真实可靠，也会对证据收集过程的正当性产生影响，如果采用该证据并据此作出判决则难以让人信服。从证据本身的真实性考察，这种以不正当方式获取的证据会降低证据的真实性，试想，如果没有翻译的帮助，犯罪嫌疑人根本就听不懂侦查人员的提问，那么，侦查人员在无翻译在场提供帮助的情况下获取的证据，其真实性自然无法保障。

整体来看，我国关于程序违法的规定，虽考虑了被告人诉讼权利保护的因素，但最终的着眼点还是在证据本身的客观真实性上。如按照《〈刑事诉讼法〉解释》第 80 条第 1 款第 2 项规定，法官审查被告人供述和辩解时应当着重审查首次讯问时是否告知被告人相关权利和法律规定，但对于违反该规定的，司法解释并没有明确规定否定其证据资格。虽然可以从《〈刑事诉讼法〉解释》第 82 条的规定中倒推出应该否定此类证据的证据资格。[①] 但至少说明，这类缺陷证据的独特性目前仍没有引起立法机关和司法机关的足够重视，实践中很少将其与普通程序违法证据相区别。[②] 需要注意的是，受证据本身特性的影响，不同程序违法行为对证据本身客观性的影响是不同的。一般来说，言词证据的真实性受提供者的主观因素影响较大，稳定性较差，如果未按法定程序收集则其客观性更难以保障，为此，对于违反法定程序收集的被告人供述及辩解、证人证言、被害人陈述等言词证据一般都应排除。而在实物证据方面，仅有辨认笔录涉及。

① 按照该项规定，首次讯问笔录没有“记录”告知权利的法律规定且不能补正或合理解释的，不能作为定案的根据。

② 笔者认为，未告知法律规定的权利而收集到的证据，应以违反程序正当性要求为由直接否定其证据资格。但其毕竟与非法证据存在区别，为避免分类过于细化导致理解不便，权且将其归入程序违法证据中。

3. 形式不合法

所谓形式不合法是指证据材料的表现形式不符合法律规定。表现形式不符合法律规定的证据属于违法证据的一种。此类证据材料由于最终的表现形式不符合《刑事诉讼法》关于证据种类的规定，无法在诉讼证据体系中找到适当的位置，并在此基础上对其真实性和关联性进一步进行考察，因而不能作为诉讼证据使用。其具有以下特点：

一是与案件待证事实存在一定的关联。这种关联性按照其与待证事实的关系可以分为直接的关联和间接的关联。直接的关联即形式不合格证据能够对待证事实起到加强或减弱的作用，能够独立对案件的定罪量刑产生直接影响，如关于未成年人被告的社会调查报告、电力部门关于电缆被盗造成损失的说明、公安机关出具的被告人的到案经过等。间接的关联是指通过辅助在案证据来对案件待证事实产生影响，如关于现场勘验检查笔录中无鉴定人签字的说明、关于提取的现场血迹无法鉴定的说明等。此类形式不合格证据不能独立对待证事实产生影响，需同所辅助的证据一起来证明案件待证事实。

二是不符合法定证据种类表现形式的要求。按照《刑事诉讼法》第50条的规定，证据包括：（1）物证；（2）书证；（3）证人证言；（4）被害人陈述；（5）犯罪嫌疑人、被告人供述和辩解；（6）鉴定意见；（7）勘验、检查、辨认、侦查实验等笔录；（8）视听资料、电子数据。上述规定是《刑事诉讼法》对诉讼证据在形式上提出的要求，从理论上讲，公诉机关提交给法庭的证据只有符合上述要求，才能取得证据资格，否则就不能作为诉讼证据使用。

三是形式不合法导致真实性存疑。证据形式是证据属性的外在表现，是不同证据之间相互区别的外在表征。法定的证据形式都能同案件事实建立联系，是立法者预先按照犯罪前后遗留信息的特点，按照形成机理，对证据材料所作的一种划分。证据法定形式的确定，为不同形式证据的收集、固定、判断提供了标准和依据。证据的形式就如同人体之细胞，为人们事后推断案件真实情况提供了基本单元。通常而言，通过各种证据形式的组合能重现案件的基本原貌，案件的基本情况也就能够查清。如此，则证据形式是否合格关乎事实认定的基石，即证据的真实性。证据形式不合格的证据，由于缺乏可操作的收集、固定和判断指引，其真实性在一定程度上会受到影响。

在立法上通过证据法定形式来设定证据资格，对诉讼材料进入诉讼的资格予以明确，对法官运用证据以及侦查人员搜集证据都将起到有效的约束和指导，不仅十分必要，而且意义重大。[①] 证据的最终表现形式既是调查取证的最终体现，又是调查取证的起点。证据形式确定后，就可以针对不同的证据种类，规定相应的收集、固定方式和举证质证方式。在立法上对证据的法定形式作出科学规定，可以实现对纷繁复杂的证据材料进行较为系统的归类，为侦查取证提供规范指引，为审查判断运用证据提供标准，有助于提升诉讼效率；对保障证据内容的真实性亦具有促进和保障作用。从这个意义上说，证据形式不合法不是一个简单的证据如何表现的问题，而是与证据的客观性密切相关的问题，需要加以重视。

（二）关联性缺失证据

与案件待证事实存在关联是证据材料与其他非证据材料的主要区别，证据的关联性是证据必备的自然属性，缺少关联性的材料不能作为证据使用。《办理死刑案件证据规定》第 6 条规定，书证、物证与案件事实有无关联是审查判断的重点内容；第 23 条规定，应审查鉴定意见与案件待证事实是否关联；第 24 条规定，

---

① 杨蕾，刘万奇．刑事证据法定形式的中国模式［J］．中国人民公安大学学报（社会科学版），2011（2）：43.

鉴定意见与证明对象没有关联的不能作为定案的根据；第26条规定，应当结合其他证据审查勘验、检查笔录的真实性和关联性；第27条、第29条分别规定了应当审查视听资料和电子证据的关联性。《〈刑事诉讼法〉解释》的规定与《办理死刑案件证据规定》基本类似。最高人民法院《以审判为中心改革实施意见》第27条规定，通过勘验、检查、搜查等方式收集的物证、书证等证据，未能通过辨认、鉴定等方式确定其与案件事实的关联的，不得作为定案的根据。《法庭调查规程》第21条、第40条、第48条、第49条均对证据的关联性问题作了规定。关联性是证据的基本属性之一，对于关联性的要求适用于所有证据种类，[①] 贯穿于证据收集、审查、判断的每一个环节，只要与案件事实没有关联，就一律不能作为证据使用。实践中，关联性缺失证据按其本身与案件待证事实之间关系的紧密程度，即证据材料的存在使案件待证事实的存在更加有可能或不可能，可以分为不相关证据、关联性无法检验证据与关联性不紧密证据三种情况。

1. 不相关证据

不相关证据就是证据材料对于案件待证事实存在与否，既不能起到增加的作用，也不能起到减少的作用，证据材料存在与否与案件待证事实没有法律上的关联性。就法院审理阶段的证据材料而言，一般经过公安机关、检察机关的层层甄别筛选后，很少与案件待证事实完全不相关。法院审理阶段的不相关证据大多数是由自诉案件当事人、公诉案件被告人或被害人一方所提供。从实践看，不相关证据主要集中表现为与定罪无关联的品格证据。品格证据有两种：一种是不良品格，另一种是良好品格。在我国，品格证据主要指良好品格证据，如在一起故意伤害案件中，

① 对于证人证言、被害人陈述、被告人供述与辩解《办理死刑案件证据规定》和《〈刑事诉讼法〉解释》虽没有明确提出相关性要求，但按照《刑事诉讼法》规定，这些证据在收集过程中，对案件无关的被取证人有权拒绝回答。

被告人的母亲向法院提交的被告人曾经在小学时获得“三好学生”称号的证书。又如在一起贩卖毒品案件中，辩护人提交了被告人曾经资助贫困儿童的证明。此外，献血证、残疾人证、退伍证也时常被辩护人作为证据向法庭提交。这些材料即便真实性没有问题，但其与案件待证事实没有关联，因而不能作为证据使用。在我国刑事诉讼中，被告人的前科记录不仅出现在侦查讯问笔录中，而且直接写入起诉书，这多少会对法官形成一定的预判，似乎有进一步完善的必要。

2. 关联性不紧密证据

证据与案件的关联程度因证据的种类不同而有所区别。对于言词证据，一般无须借助其他手段就可直接判断其与案件事实的关联性。但对于物证，往往需要通过鉴定或辨认方能建立起与案件事实的联系。司法实践中，因没有或未及时对所取得的物证进行鉴定或辨认，使证据的真实性降低或丧失的情况时有发生。其主要包括以下几种情况：一是应该鉴定而没有鉴定。实践中，提取在案的痕迹、毛发因没有进行鉴定而导致关联性不明确的情况比较多。[①] 犯罪现场提取的各种痕迹、血迹等，是认定案件事实的重要证据。但人的肉眼无法对这些证据的具体情况进行判断，这些证据对案件事实的证明作用，只有依靠鉴定才能体现出来。如果对于已经提取的证据能鉴定而未予鉴定，不仅会导致关键证据不能发挥应有的作用，而且还有可能会产生冤假错案。二是应该做同一鉴定而没有做。种属鉴定能够排除犯罪，却不能认定犯罪。对关键证据做同一鉴定，不仅能够将被告人与犯罪行为紧密地联系在一起，而且能将与犯罪无关的人排除在外，如在云南孙某刚案中，如果公安机关能够对孙某刚衣服、床单上的血迹进行

① 蔡金芳．刑事司法及死刑适用若干疑难问题实例剖析［M］．北京：法律出版社，2009：78.

DNA 鉴定，而不是血型鉴定，那么这个冤案就有可能避免。[①] 三是鉴定对象错误。例如，在一起故意伤害案件中，对于被害人的伤情先后有两份不同的鉴定意见，在该案二审审理期间，检察机关提供了一份某权威机构的鉴定意见，该鉴定意见对一审期间两份鉴定意见进行比较后指出，其中一份鉴定意见更科学可靠。法院经审理认为，该权威机构出具的鉴定意见与本案没有直接关联性，不予采用。

3. 关联性无法检验证据

通过科学技术的侦查方法得出的结果形成的证据，如果从科技证据设定的条件来看很难保证证据的证明力，应当认为没有法律的关联性，除非该技术是可以信赖和事后可以检验的。[②] 目前，因关联性和客观性难以检验，争议较大的科技证据主要包括：一是测谎仪检测结果。按照 1999 年最高人民检察院的批复，人民检察院办理案件，可以使用 CPS 多道心理测试鉴定结论帮助审查、判断证据，但不能将 CPS 多道心理测试鉴定结论作为证据使用。二是骨龄鉴定。根据最高人民检察院 2000 年的批复，犯罪嫌疑人不讲真实姓名、住址，年龄不明的，可以委托进行骨龄鉴定或其他科学鉴定，经审查，鉴定结论能够准确确定犯罪嫌疑人实施犯罪行为时的年龄的，可以作为判断犯罪嫌疑人年龄的证据使用。如果鉴定结论不能准确确定犯罪嫌疑人实施犯罪行为时的年龄，而且鉴定结论又表明犯罪嫌疑人年龄在刑法规定的应负刑事责任年龄上下的，应当依法慎重处理。此外，关于警犬气味鉴别的结果能否作为证据使用也有争论，目前主要有线索说、间接证据说和有限肯定说三种。鉴于目前警犬气味鉴别的不可验证性、错误

① 张军．刑事证据规则理解与适用［M］．北京：法律出版社，2010：381-382.

② 【日】田口守一．刑事诉讼法［M］．张凌，于秀峰，译．北京：法律出版社，2010：288.

比率尚且不知、操作并无统一规范科学标准，警犬气味鉴别不能成为诉讼证据，只能作为侦查破案的线索。①

（三）真实性缺失证据

真实性缺失证据是经审查判断属于虚假或虚假可能性较大的证据，为保证案件事实认定之准确，剥夺其诉讼证据资格。客观性缺失证据具有形式合法性、判断经验性、规则灵活性等特点。所谓形式合法性是指这类证据在取得和表现形式上符合法律规定，只是由于证据本身所具有的特性使其虚假性较大，故否定其证据资格，如证人推测性、评论性证言。所谓判断经验性是指客观性是否缺失的判断标准是根据司法经验总结归纳后形成的，具有经验性和主观性，系司法机关从保障案件事实认定之准确性出发，将某些被实践反复证明虚假或虚假可能性极大的证据排除在外。所谓规则灵活性是指有关证据客观性的证据规则不如非法证据排除等具有刑事政策属性的规则稳定。一方面表现为对于通常情况下虚假可能性很大的证据，在特殊情况下也可能是正确的；另一方面现在认为是虚假的证据随着人类认识水平的提高和科技手段的进步，在将来有可能被证明是正确的。因此，司法解释在规定本规则时，规定诸多例外条款。从《两个证据规定》《刑事诉讼法》及《〈刑事诉讼法〉解释》等规定来看，主要包括：

1. 来源无法确认证据

来源无法确认证据既可能涉及收集证据违法问题，也可能涉及证据客观性问题，但主要与证据的客观性相关，故将其视为客观性缺失证据。来源不规范的证据主要以实物证据为主，实物证据能否成为合法、有效的证据，往往取决于两个关键性的程序环节：一是能否被正确地提取、固定、保管和送检；二是物证中所蕴含的案件信息能否被正确“解读”，即物证的鉴定方法和鉴定

---

① 【日】田口守一．刑事诉讼法［M］．张凌，于秀峰，译．北京：法律出版社，2010：288.

程序是否科学、合法。不科学的鉴定方法或不合法的鉴定程序，都将极大地折损物证的证明价值。这其中，第一个环节又是重中之重，因为，鉴定不过是对物证所蕴含的案件信息的一种“解读”，若物证本身来源不明或者已经被污染，那么，即便后续的鉴定程序再科学、合法，据此作出的鉴定意见仍属无本之木、无源之水，毫无证明价值。[①] 如在勘验、检查、搜查过程中提取、扣押的物证、书证，未附笔录或者清单，不能证明物证、书证来源的；对物证、书证的来源、收集程序有疑问，不能作出合理解释的；鉴定对象与送检材料、样本不一致；送检材料、样本因污染不具备鉴定条件的鉴定意见等。

2. 真伪无法判断证据

这类证据是指证据的客观真实性难以确认，出于认定案件事实准确性之考虑，将其排除在外的证据。例如，之所以将有更改或更改迹象不能作出合理解释的书证排除，是因为从本质上看书证是以文字来记载人的思想和行为以及采用各种符号、图案来表达人的思想的一种证据，只有确保书证记载的证据信息的文字、符号、图案等不被更改，才能保障其记载内容真实性，在发现书证有更改或更改迹象时，如果不能说明为什么做了更改，谁做了更改，做了哪些更改，则该书证的虚假性就较大，不能作为定案依据。司法实践中，被告人由于上学、就业、参军、结婚等原因，有时会“托人”更改户籍，有的被告人会伪造、变造各种证件，这些都可能导致书证失真。又如，对于专业性较强的视听资料、电子数据，法官除审查其来源和保管链条外，对于专业问题一般都需要聘请专业技术机构鉴定，如果专业技术机构无法鉴定真伪，则一般不能采用。

---

① 万毅．“大物证”概念的建构及其司法意义［N］．检察日报，2013-06-24（3）．

3. 较大虚假可能或不真实证据

真伪无法判断的证据，可能是真的，也可能是假的，只是因为无法确认证据的真实性，所以将其排除。虚假可能性较大的证据在虚假的程度上要比真伪无法判断的证据高。以法律关于证人的猜测性、评论性证言不能作为定案的根据为例，证人只能陈述自己感知的案件事实，猜测性、评论性证言，并非证人对案件事实的亲身感知，无法确保其真实性，故一般不能作为定案根据，除非根据一般的生活经验能够认定此类证言符合事实。对于经查证不属实的证据，则答案是唯一的，那就是排除在定案根据之外。对此问题，理论和实务界的立场是一致的。这些证据包括：物证的照片、录像、复制品，不能反映原物的外形和特征；书证的副本、复制件不能反映原件及其内容；侦查实验的条件与事件发生时的条件有明显差异，或者存在影响实验结论科学性的其他情形等情况。

三、非法证据

（一）非法证据的概念

对于何为非法证据，《刑事诉讼法》并没有明确界定，只是通过列举的方式予以描述。按照《刑事诉讼法》第 56 条规定，“采用刑讯逼供等非法方法收集的犯罪嫌疑人、被告人供述和采用暴力、威胁等非法方法收集的证人证言、被害人陈述，应当予以排除。收集物证、书证不符合法定程序，可能严重影响司法公正的，应当予以补正或者作出合理解释；不能补正或者作出合理解释的，对该证据应当予以排除”。理解我国法律关于非法证据的规定，需要着重把握以下几点：

1. 取证主体特定性

非法证据的取证主体系国家机关及其工作人员。在刑事诉讼中，尽管自诉人、律师等也拥有程度不同的调查取证权，但国家机关及其工作人员的调查取证是最主要的，也最容易发生侵害被取证人权利的情况，因此需要予以特别规范。排除非法证据就是这些规范中最为严厉的一种。从权力运行的角度看，将非法证据的取证主体限定为国家机关及其工作人员，其理论依据来源于现代的权力制衡理论。国家权力是保障公民自由和权利必不可少的力量，但国家的权力在行使中容易滥用，如果不对其进行必要的控制，则容易侵犯公民的权利和自由。在刑事诉讼中规定非法证据排除规则，就是通过排除非法证据的方式，对侦查人员的违法取证行为进行制约，鞭策他们依法行使侦查权。

有学者认为，对于取证的人，根据联合国和我国的法律规定，应当指审判人员、检察人员和侦查人员，以及在执法人员的指使、纵容、默许下进行刑讯逼供的非司法人员（如治安联防队员实施的刑讯逼供）。[①] 按照我国《刑事诉讼法》第 50 条、第 52 条、第 54 条的规定以及《监察法》第 40 条、第 65 条的规定，除了侦查人员，审判人员、检察人员、监察人员也可以成为刑讯逼供的主体。监察体制改革后，调查职务犯罪的职权转由监察机关行使，作为行使侦查权的主体之一，有关非法证据的相关要求也应同样适用于监察人员。从理论上讲，检察人员作为公诉方在追诉犯罪上与公安机关等侦查主体具有一致性，将其作为刑讯逼供的主体具有现实的可能性和必要性，但将审判人员也作为非法证据的取证主体似乎并不妥当。一方面审判人员的调查取证权具有补充性和谦抑性，审判人员没有证明被告人有罪的职责，一般情况下不会主动行使调查取证权，审判人员不能为了证明被告人有罪而主动收集证据，审判人员调查证据仅限于核实双方争议的证据，而不是调取新证据；另一方面审判人员作为案件事实的裁判者，对于证据不充分的案件，法律赋予了其作出无罪判决的权

① 张智辉．刑事非法证据排除规则研究［M］．北京：北京大学出版社，2006：3.

力，其没有通过刑讯逼供获取证据以实现定罪的动力，实践中也没有审判人员非法取证的案例被曝光。将审判人员作为非法取证的主体规定在法律中容易将审判人员同侦查人员混同，影响司法的客观公正性。因此，审判人员不宜作为非法证据的取证主体。此外，不具有国家司法机关工作人员身份的个人也不宜作为非法证据的取证主体，除非取证行为系其与国家司法人员共同实施。

2. 取证行为非法性

非法证据属于违法证据，但违法证据不等于非法证据。“非法”一方面是违反了法律的禁止性规定，另一方面“非法证据的取证过程一定是侵犯了被取证人的权利”[①]，否则不能称为“非法证据”。在我国，违反法律的禁止性规定主要是指违反《刑事诉讼法》第52条关于“严禁刑讯逼供和以威胁、引诱、欺骗以及其他非法方法收集证据，不得强迫任何人证实自己有罪”相关规定收集的证据。此外，按照《刑事诉讼法》第56条的规定，对于违反程序收集书证、物证的，也属于“非法”的范畴。但在法律的具体规定上，非法言词证据与非法实物证据的着眼点存在差异，区别如下：

在界定非法言词证据时，法律突出了“方法”一词，表明非法言词证据的有害性主要体现在其取得方法和手段的非人道性，是指通过使用肉刑或者变相肉刑，或者采用其他使被告人在肉体上或者精神上遭受剧烈疼痛或者痛苦的方法，迫使被告人违背意愿供述的。[②] 从《〈刑事诉讼法〉解释》的规定看，使用一切足以使犯罪嫌疑人、被告人的肉体或精神难以忍受的方法，使其失去意志表达自由而作出供述的，都属于刑讯逼供。界定刑讯逼供

① 杨宇冠．我国非法证据排除规则的特点及实施［J］．中国审判新闻月刊，2012（4）：32.

② 《最高人民检察院刑事诉讼规则（试行）》第65条的规定与《〈刑事诉讼法〉解释》相关规定一致。

等非法取证方法时，必须将取证手段的非人道性和供述的非自愿性结合起来，非自愿的供述须基于非人道之手段，两者之间具有因果关系。如仅有被告人的非自愿供述而无非人道的手段或虽有非人道的手段而无被告人的供述，均不能称之为刑讯逼供。因为，出于逃避制裁等原因，并不是每个犯罪嫌疑人在犯罪后都会主动交代犯罪事实，相反大多数犯罪嫌疑人都不愿交代自己的犯罪事实。因此，非自愿供述，如果不是采用非人道手段取得，是可以采用的。通过对犯罪嫌疑人实施一定程度的心理强制取得口供是侦查机关收集证据的常态。同时，如果犯罪嫌疑人“骨头硬”，任凭折磨，“打死也不说”，则手段固然需要谴责并需要对施暴者加以制裁，但却无供述可以排除，也不宜在非法证据排除规则下解决。

对于非法实物证据，法律强调的是“程序”一词，表现在收集证据的程序违法上，因为侦查人员无法对书证、物证施以暴力，侦查人员违法收集实物证据对被取证人权益的侵害具有间接性。通常情况下，非法取证行为侵犯的是被取证人的宪法性权利，而非一般性权益。非法证据的严重侵权性是其与其他问题证据的显著区别，是其他问题证据所不具备的，也是将其独立作为问题证据类型的主要原因。但就《刑事诉讼法》关于非法实物证据的规定而言，似乎并没有从宪法性权利维护的角度来考虑，而更多的是基于证据本身是否真实以及维护司法公正的角度考量。这一方面是因为，虽然《宪法》第 13 条明确规定“公民的合法的私有财产不受侵犯”，但其并未作为基本权利规定在宪法第二章中，只是宪法总纲中的宣誓性规定，我国公民的财产权尚不是宪法规定的基本权利；另一方面可能与我国对于非法证据排除规则本身的定位有关，从我国法律关于非法实物证据的规定看，证据本身是否真实仍是主要的关注点，正因如此，对于真实的实物证据，即便对司法公正产生了影响，也只有在无法通过补正和合理解释消除影响后才会排除。对于非法实物证据，尚没有完全上升到维护司法行为纯洁的高度，更没有上升到基本权利保障的角度。

3. 取得证据虚假性

所谓“棰楚之下，何求不得”，通过刑讯逼供等非法手段收集的证据极易造成虚假，这种有关非法强制供述不可靠和不值得信任的结论不仅被美国和德国关于冤假错案的调查和分析所证明[①]，发生在身边的云南杜培武案、河南赵作海案等案件也充分说明冤假错案无不与刑讯逼供等非法取证行为相关。正如贝卡里亚所说：“在痉挛和痛苦中讲真话并不那么自由……痛苦的影响可以增加到这种地步：它占据了人的整个感觉，给受折磨者留下的唯一自由只是选择眼前摆脱惩罚最短的捷径，这时候，犯人的这种回答是自然的，就像在火与水的考验中所出现的情况一样。有感性的无辜者以为认了罪就可以不再受折磨，因而称自己为罪犯。罪犯与无辜者的任何差别，都被意图差别的同一方式所消灭了。”[②] 当然，在非法取证行为对证据真实性的影响上，言词证据同实物证据相比，更容易受到非法取证行为的影响而“失真”，更容易造成冤假错案，因此，各国均规定将其直接排除。对于非法实物证据，则允许法官根据案件具体情况来作出采纳与排除的决定。“非法取证必然损害证据的合法性，却不必然影响证据的客观真实性，但如果证据的客观真实性受到严重损害的，当然不能作为定案的根据。”[③]

---

① 张智辉. 刑事非法证据排除规则研究［M］. 北京：北京大学出版社，2006：59.

② 【意】贝卡里亚. 论犯罪与刑罚［M］. 黄风，译. 北京：中国大百科全书出版社，1993：258.

③ 张军. 刑事证据规则理解与适用［M］. 北京：法律出版社，2010：347.

（二）非法言词证据

1. 我国法律关于非法言词证据的规定

按照《刑事诉讼法》第56条规定，非法言词证据是指“采用刑讯逼供等非法方法收集的犯罪嫌疑人、被告人供述和采用暴力、威胁等非法方法收集的证人证言、被害人陈述”。为了便于司法实务部门理解适用，《〈刑事诉讼法〉解释》和《严格排除非法证据规定》对于“等非法方法”做了进一步细化的规定，明确了非法言词证据的适用范围。理解相关规定应重点把握以下几点：

（1）关于“刑讯逼供等非法方法”。在对非法口供进行界定时，如何理解“刑讯逼供等非法方法”很关键。对此，理论和实践中均有争议。争议的焦点集中在对“等”字的理解上，即所谓的“等内等”与“等外等”之争。[①] 按照“等内等”的理解，需要排除的系通过刑讯逼供或与刑讯逼供危害程度相当的方法收集的口供，除危害程度与刑讯逼供相当的方法外，其余方法不属于“等非法方法”，不适用非法证据排除规则。最高人民法院《关于建立健全防范刑事冤假错案工作机制的意见》第8条规定，“采用刑讯逼供或者冻、饿、晒、烤、疲劳审讯等非法方法收集的被告人供述，应当排除”。这里采用的就是“等内等”的解释，将“刑讯逼供等非法方法”限定在刑讯逼供及危害程度相当的冻、饿、晒、烤、疲劳审讯等方法上。如果按照“等外等”的解释，则除刑讯逼供及危害程度与刑讯逼供相当的方法外，“等非法方法”还包括其他方法。按照《〈刑事诉讼法〉解释》第95条规定，“刑讯逼供等非法方法”是指使用肉刑或者变相肉刑，或者采用其他使被告人在肉体上或者精神上遭受剧烈疼痛或者痛苦的方法，迫使被告人违背意愿供述。这种解释将“等非法方法”由

---

① 熊秋红．非法证据排除规则的体系性建构［N］．北京：人民法院报，2017-07：13-2.

刑讯逼供（肉刑）及危害程度相当方法（变向肉刑），扩大到其他使被告人在肉体上或者精神上遭受剧烈疼痛或者痛苦的方法，属“等外等”解释。“两高三部”《以审判为中心改革意见》第4条进一步指出“对采取刑讯逼供、暴力、威胁等非法方法收集的言词证据，应当依法予以排除”，进一步充实了“其他方法”。《严格排除非法证据规定》进一步将“采用非法拘禁等非法限制人身自由的方法”纳入非法方法中，并进一步细化明确了“暴力”“威胁”等非法方法的内容。

（2）关于“遭受剧烈疼痛或痛苦”。有学者认为，《〈刑事诉讼法〉解释》第95条明确了认定并排除非法口供的三个条件：一是采用肉刑或者变相肉刑，或者采用其他与其相当的非法方法。这是非法口供的客观要件。二是使被告人在肉体上或精神上遭受剧烈疼痛和痛苦。这是非法口供的主观要件。三是迫使被告人违背意愿供述。这是非法口供的意志要件，也属主观要件。其中，起决定作用的是第二个条件，嫌疑人“在肉体上或精神上遭受剧烈疼痛或痛苦”的标准，才是判定口供非法并予排除的关键，而方法要件与意志要件都依附于这一涉及人体感受的主观要件。[①] 该学者进一步指出，刑事诉讼司法解释的这种规定实际上限缩了刑事诉讼法规定的非法口供排除的范围，给司法实践带来操作上的难题，存在合理性质疑。[②]“痛苦规则”可作为判断非法口供的重要方面，但对于“痛苦”的感受因人而异，作为一种主观感受，“痛苦”本身也需要通过借助外部的客观行为予以揭示，所以方法要件才是决定性的要件，也是最为客观和可操作的判断要件。在这个意义上，造成非法口供排除范围限缩的原因不是因

① 龙宗智．我国非法口供排除的“痛苦规则”及相关问题［J］．政法论坛，2013（5）：32.

② 龙宗智．我国非法口供排除的“痛苦规则”及相关问题［J］．政法论坛，2013（5）：32.

为将遭受痛苦作为判断非法口供的标准，而是因为误将其作为决定性标准。方法要件才是判断非法口供的决定性标准，主观要件和意志要件只是重要参考标准。

（3）关于非法言词证据的范围。按照《刑事诉讼法》第56条规定，我国的非法言词证据包括非法获取的口供、被害人陈述和证人证言三类，有别于一些西方发达国家仅针对口供的做法，非法言词证据的涵盖范围较大。有学者指出，将非法取得的证人证言、被害人陈述也列入非法证据的范围，既可以防止司法实践中随意侵犯证人、被害人的权利，保证警察等人员取证的合法性，又可以防止证人、被害人因为受到强制而提供虚假的陈述，避免冤假错案发生。[①] 有学者甚至曾提出，非法言词证据是指公安、司法人员在刑事诉讼过程中，采取实施酷刑或其他足以导致犯罪嫌疑人、被告人以及被害人、证人作出非自愿性陈述的威胁、引诱、欺骗等不正当的方法收集的犯罪嫌疑人或被告人供述、被害人陈述、证人证言等言词证据。非法言词证据可划分为：以实施酷刑的方法获取的言词证据；采取足以导致被取证人作出非自愿性虚假陈述的威胁、引诱、欺骗方法收集的言词证据；通过非法辨认程序收集的言词证据；通过非法羁押收集的言词证据；在非法剥夺犯罪嫌疑人、被告人法定辩护权的情况下收集的犯罪嫌疑人或被告人供述；以其他侵犯诉讼参与人基本权利收集的言词证据六类。[②] 这种关于非法言词证据的界定远大于我国目前的法律规定。在目前我国非法言词证据相关配套机制不完善、具体适用情况并不理想的情形下，如进一步扩大非法言词证据的适用范围，则不免令人担忧其实际实施效果。考虑到非法证

① 刘善春，毕玉谦，郑旭．诉讼证据规则研究［M］．北京：中国法制出版社，2000：203.

② 张智辉．刑事非法证据排除规则研究［M］．北京：北京大学出版社，2006：83-84.

据及其所配套的排除规则，均主要是为控辩双方行使权力（利）所设置，证人并不是诉讼主体，无主动启动非法证据排除的动力，相关的配套程序也不足。在此背景下，证人、被害人的陈述目前不宜作为非法言词证据适用的重点。非法证据的适用范围应具有特定性，不能泛化，否则会冲淡非法证据排除规则的人权保障功能。在现阶段，应明确非法言词证据主要适用于非法口供，以排除非法口供为突破口，逐步扩大适用。至于剥夺辩护权情况下取得的言词证据，以及非法辨认等问题，则应作为缺失性证据处理。

2. 通过“肉刑或者变相肉刑”获取的口供

肉刑出自《荀子·正论》“治古无肉刑，而有象刑”，古指施加于人身体的刑罚，包括死刑、鞭笞等，是一个刑法上的概念。《〈刑事诉讼法〉解释》第95条将其用在非法言词证据排除规则中，指通过采取殴打、违法使用戒具等直接侵害被取证人身体的暴力方法获取口供的行为。在规制刑讯逼供的相关规范没有出台之前，殴打等暴力取证方式是刑讯逼供的主要方式，也是造成大部分冤假错案的直接原因。比如，在杜培武案中，警察对杜培武拳打脚踢，用手铐把杜培武吊挂在防盗门上，反复抽垫凳子或拉拽拴在杜培武脚上的绳子，致使杜培武双脚悬空、全身重量落在被铐的双手上，用毛巾堵住嘴巴，用电警棍击打等迫使杜培武做有罪供述的行为①；又如，呼格吉勒图案中警察殴打呼格吉勒图并让其按照他们的话说的行为，警察让呼格吉勒图蹲在暖气管前，双手伸到背后铐住的行为。② 这些均是针对被取证人身体的暴力取证，属于《〈刑事诉讼法〉解释》第95条规定的肉刑。

---

① 杜培武. 我是反侦查经验丰富的警察，但是到最后，我还是招供了[EB/OL]. http://www.sohu.com/a/255117830_260282，2019-02-20.

② 呼格吉勒图案[EB/OL]. https://baike.baidu.com/item/%E5%91%BC%E6%A0%BC%E5%90%89%E5%8B%92%E5%9B%BE%E6%A1%88/9877190?fr=aladdin，2018-06-07.

随着法治意识的进步和关于遏制刑讯逼供相关法律规范和政策措施的相继出台，直接对犯罪嫌疑人施以暴力，以明目张胆的方式非法获取犯罪嫌疑人口供的方式已经较为罕见。但是，诸如采用疲劳审讯、饿、冻、晒、强光刺激、长期保持某种姿势、不让上厕所等“软暴力”却依然在一定程度上存在。这些“润物细无声”的刑讯方法，对于被告人肉体和身心的折磨并不亚于直接的暴力，且更不容易发现和查证，有时甚至具有更大的危害性。需要注意的是，就严重程度而言，较之威胁、引诱、欺骗、胁迫等非法方法，肉刑或变相肉刑对被告人权利的侵犯最为严重，危害性也最大，属于“非法中的非法”，应予以重点关注并遏制。

3. 通过威胁方法获取的口供

《严格排除非法证据规定》第 3 条规定：“采用以暴力或者严重损害本人及其近亲属合法权益等进行威胁的方法，使犯罪嫌疑人、被告人遭受难以忍受的痛苦而违背意愿作出的供述，应当予以排除。”理解该条规定需要重点把握：一是威胁的方式为通过侵害合法权益来迫使犯罪嫌疑人、被告人作出有罪供述，如身体及亲属的健康、自由及其他受法律保护的权益，以揭发不正当关系、违法犯罪等不受法律保护的“利益”为威胁的，不属于非法言词证据中的“威胁”；二是威胁的内容具有一定的指向性，而非泛泛而谈，比如“为了你家人着想，你好好考虑考虑”这句话本身比较笼统，没有明显威胁的意图，不能仅凭这句话就得出受到威胁的结论；三是受到威胁与否需综合讯问时的环境、语气、时间等因素综合判断。同样的动作或语言在不同讯问场合会有不同的效果。同样是“为了你家人着想，你好好考虑考虑”这句话，如果是在播放一段有犯罪嫌疑人家人和地痞流氓（犯罪嫌疑人知道）的画面后再说，则可考虑是威胁。在北京市第一中级人民法院 2012 年 9 月 13 日审理的郭某奎等人贩卖毒品案件中①，侦

① 一中刑初（2012）第 3903 号刑事判决书。

查人员在讯问时曾对被告人说“不说的话就见不到孩子”，法官结合案件其他情况和讯问环境认为侦查人员系以亲属的安危相要挟，由此排除了被告人郭某奎的此次供述。总之，在认定犯罪嫌疑人、被告人是否受到威胁以及由此而作出非自愿供述上，需要具体判断，法官拥有一定的自由裁量权。

需要注意的是，讯问是一项具有高度对抗性的活动，通常情况下，在讯问中侦查人员只有对犯罪嫌疑人实施一定程度的心理强制，犯罪嫌疑人才会如实交代犯罪，因此法官需要准确区分威胁与讯问时的强制行为，以实现打击犯罪与保障人权的平衡。基于打击犯罪及大部分犯罪嫌疑人均有回避、抗拒、设法逃避讯问的倾向考虑，在讯问过程中，对犯罪嫌疑人实施一定程度的强制是允许的，也是必需的。例如，按照德国《刑事诉讼法》第136条a规定，禁止以刑事诉讼法不准许的措施相威胁。如果反过来理解，则意味着法律规定了可以对犯罪嫌疑人进行威胁的措施。可能是考虑到威胁认定的特殊性，我国《刑事诉讼法》并未将胁迫作为排除被告人供述的手段直接加以规定，而只规定不能对证人进行胁迫。在认定侦查人员是否存在对被告人进行“威胁”的情形时，是否以侵犯被告人及其亲属的合法权益相胁迫是基础性的前提，只有此前提成立，才会进一步考虑这种胁迫是否冲击了人类的道德底线，是否给被告人精神造成了痛苦，是否违背了被告人的意愿，如果回答都是肯定的，则可认定为通过威胁方法收集的口供并予以排除。

4. 通过非法限制人身自由获取的口供

《严格排除非法证据规定》第4条规定：“采用非法拘禁等非法限制人身自由的方法收集的犯罪嫌疑人、被告人供述，应当予以排除。”非法限制人身自由是指，对被取证人的身体进行强制，使其失去行动自由的行为。人身自由是公民重要的人身权利，而非法拘禁他人是严重侵犯公民人身自由权利的行为。非法拘禁系我国刑法规定的犯罪行为，侦查机关的取证行为只要经查实属非法拘禁，不管犯罪嫌疑人、被告人供述是否是遭受难以忍受的痛苦而违背意愿作出的，均一律排除，凸显了司法机关坚决遏制非法拘禁等非法限制人身自由行为的立场。对于除非法拘禁外，通过其他非法限制人身自由方法收集的证据，能否适用非法排除规则的问题，有学者认为，《严格排除非法证据规定》第4条将非法拘禁设定为限制人身自由的方法①，似乎表明非法限制人身自由的方法仅限于非法拘禁。考虑到将非法拘禁收集的口供纳入非法证据排除规则之中，在我国尚属首次，将其限定在非法拘禁范围内有其合理性。实践中，非法拘禁主要有两种情形：一是没有法律依据限制他人人身自由，如对不符合拘留的人采取拘留措施；二是未经法定程序而限制人身自由，如对符合留置条件的人采取留置措施但未按规定办理手续；三是合法限制人身自由的条件或期限届满后未及时办理变更手续，如在刑事拘留期限届满后继续羁押，或者在逮捕期限届满后不变更强制措施等。

5. 受刑讯逼供影响而作出的口供

（1）关于受刑讯逼供影响而作出的口供的争议。在司法实践中，侦查人员一般都会对犯罪嫌疑人进行多次讯问。在这些讯问中，如果侦查人员在部分讯问过程中，实施了刑讯逼供，那么，其他讯问过程中形成的口供效力如何？对此，《严格排除非法证据规定》颁布前实践中有三种观点：一是一排到底，排除实施刑讯逼供后收集的所有口供；二是区别对待，即排除实施刑讯逼供所取得的口供，保留其他讯问中取得的口供；三是同一主体排除，即如果侦查机关有一次刑讯逼供行为，则侦查阶段的口供都将排除，而检察机关在审查起诉阶段取得的口供则可以继续作为证据使用。上述主张各有利弊，具体分析如下：

---

① 陈瑞华．新非法证据排除规则的八大亮点［N］．北京：人民法院报，2017-06-27（2）．

采用“一排到底说”有助于人权保障，但会对打击犯罪产生较大影响。通常情况下，被告人的第一次供述或头几次供述对侦查破案的价值最大，在侦查前期，也是侦查人员实施刑讯逼供可能性最大的阶段。因此，查明第一次或头几次讯问中被告人有没有受到刑讯逼供很关键。因为，被告人一旦交代犯罪，后续的讯问一般就不会再抗拒（至少在侦查阶段不会再抗拒）。如果采用“一排到底说”，则从实施刑讯逼供之时起的所有口供均为非法，需要排除。这对于侦查人员的威慑无疑是巨大的，对于被告人权利的保护也较为有效，但从打击犯罪的角度，似乎过于严苛。

如果采用“区别对待说”，则可以最大限度地保留被告人的供述，对于打击犯罪较为有利，但这与采用刑讯逼供取得的供述在实际适用效果上没有什么区别，不利于被告人基本权利的保障，如在 2012 年北京市第一中级人民法院审理的郭某奎等人贩卖毒品案中，法官排除了被告人郭某奎在 2011 年 8 月 21 日的供述，但仍旧采用了被告人郭某奎在 2011 年 8 月 24 日的供述，两次供述在内容上并无区别，被告人郭某奎最终仍被判处无期徒刑，剥夺政治权利终身，并处没收个人全部财产。① 目前，“区别对待说”在实践中占主导地位，只要能够确保被告人后几次供述的真实性，后续的供述仍然会被采用。笔者认为，排除非法口供的主要目的不在于确保口供的真实性，而在于通过排除非法证据保障被告人的基本权利不受侵犯，提升事实认定的正当性和可接受性。因此，在对刑讯逼供的制裁不是非常充分的情况下，不宜采取此说。

如果采用“同一主体排除说”，则排除的范围依旧很大，因为从刑事审判实践看，能够对案件事实认定起作用的口供主要集中在侦查阶段，全部排除侦查阶段的口供，对案件事实认定所产生的负面影响将是巨大的，不利于打击犯罪。

---

① 一中刑初（2012）第 3903 号刑事判决书。

(2)《严格排除非法证据规定》的规定。《严格排除非法证据规定》采用了原则加例外的模式。原则上采用“一排到底”说，即“采用刑讯逼供方法使犯罪嫌疑人、被告人作出供述，之后犯罪嫌疑人、被告人受该刑讯逼供行为影响而作出的与该供述相同的重复性供述，应当一并排除”。关于例外的规定方面，采用了扩展的“同一主体排除说”，不以诉讼阶段来确定是否为同一主体，而是具体到是否为同一个人。一是侦查期间，根据控告、举报或者自己发现等，侦查机关确认或者不能排除以非法方法收集证据而更换侦查人员，其他侦查人员再次讯问时告知诉讼权利和认罪的法律后果，犯罪嫌疑人自愿供述的，可以作为例外；二是审查逮捕、审查起诉和审判期间，检察人员、审判人员讯问时告知诉讼权利和认罪的法律后果，犯罪嫌疑人、被告人自愿供述的，可以作为例外。

(3) 理解把握相关规定的重点。《严格排除非法证据规定》关于重复自白的规定，形式上采用“一排到底”说，但因例外规定较为宽泛，实则以扩展的“同一主体排除说”为主。具体运用中，应以刑讯逼供对被告人供述的真实性和对自愿性的影响为基点，综合考虑讯问主体及诉讼阶段的变化，来决定是否采用被告人的供述。一般需考虑以下因素：一是诉讼阶段转化中断。这里的阶段既包括大的诉讼阶段，如侦查、起诉和审判，也包括可以相对清晰划分的小的内部诉讼程序阶段，如侦查、预审等。二是诉讼主体转化中断。这里的诉讼主体指的是不同的侦查人员，即如果实施刑讯逼供的人和随后讯问的人不是同一批人，则可视为由不同主体讯问。三是在阶段和主体变化时是否清晰明确地交代了诉讼权利和义务，明确告知诉讼阶段和讯问人员的变化。四是被告人被刑讯的程度。同为刑讯逼供，不同的方式对于被告人的伤害是不一样的，在考虑是否排除后续阶段的口供时，方式的恶劣性也是应该考虑的一个因素，越是恶劣的方式其对被告人身心的影响就越大、越持久。

6. 非法收集的证人证言、被害人陈述

按照《严格排除非法证据规定》第6条规定，采用暴力、威胁以及非法限制人身自由等非法方法收集的证人证言、被害人陈述，应当予以排除。“暴力”是指通过采取殴打、违法使用戒具等直接侵害被取证人身体的暴力方法取证。“威胁”是指采用暴力或者严重损害本人及其近亲属合法权益等方法对被取证人进行胁迫。“非法限制人身自由”是指采用对被取证人的身体进行强制，使其失去行动自由的取证方法。需要注意的是，考虑到证人和被害人毕竟不同于犯罪嫌疑人，对其所遭受到的暴力、威胁及非法限制人身的侵害，可作较认定非法口供更为宽泛的理解，适当降低标准。

7. 通过引诱、欺骗获取的言词证据

司法实践中，引诱、欺骗往往与侦查策略相交织，区分起来非常困难。对于采用引诱、欺骗方式获取的证人证言、被害人陈述、被告人供述能否作为非法证据排除存在争议。按照1998年《〈刑事诉讼法〉解释》（已废止）第61条规定，“凡经查证确实属于采用刑讯逼供或者威胁、引诱、欺骗等非法的方法取得的证人证言、被害人陈述、被告人供述，不能作为定案的根据”。2010年《排除非法证据规定》中没有将“引诱、欺骗”直接规定在条文中，是否意味着司法机关立场改变？对此，规范制定者回应称，两个证据规定是对相关法律及司法解释的完善，而不是替代，1998年《刑事诉讼法》第61条的规定仍然有效。[①] 2012年《刑事诉讼法》第54条对于“引诱、欺骗”是否属于“等非法方法”没有明确。2012年《〈刑事诉讼法〉解释》颁布后，1998年《〈刑事诉讼法〉解释》同时废止。2017年《严格排除非

① 张军．刑事证据规则理解与适用［M］．北京：法律出版社，2010：298.

法证据规定》对于“引诱、欺骗”是否属于“等非法方法”也没有明确。那么，通过“引诱、欺骗”收集的言词证据是否属于非法证据呢？

按照《刑事诉讼法》第52条的规定，“严禁刑讯逼供和以威胁、引诱、欺骗以及其他非法方法收集证据”。按此规定，“引诱、欺骗”是与“刑讯逼供和威胁”相并列的非法方法，“引诱、欺骗”行为为法律所禁止。因此，通过“引诱、欺骗”收集的言词证据应认定为非法证据。需要注意的是，作为审讯策略的引诱欺骗，符合侦查活动的要求和规律，为查明案件事实和打击犯罪所必需，有其存在的必要性和正当性，但恶劣的引诱、欺骗则会令司法蒙羞，冲击人类的道德底线。例如，实践中，侦查人员以减刑、轻判、无罪等无法律依据之利益相许诺，虽可以“如愿”获得供述，但却会导致司法诚信受损。鉴于这类行为与非法取证行为常常纠缠不清，必须加以规范和限制。对于欺骗引诱是否恶劣，可以根据以下两条标准判断①：一是欺骗引诱是否突破了人们可以接受的道德底线；二是这种欺骗引诱是否可能导致无辜者作出有罪供述。总的来看，引诱、欺骗是否达到了“非法”的程度，需要由法官以上述两条标准，根据案件的具体情况进行判断。对于恶劣的引诱、欺骗，应将其视为司法解释规定的“采用其他使被告人在肉体上或者精神上遭受剧烈疼痛或者痛苦的方法”加以排除。

8. 视为非法证据的言词证据

视为非法证据的言词证据最初仅针对口供，《严格排除非法证据规定》将其扩大到非法获取的被害人陈述、证人证言等其他证据。根据《排除非法证据规定》第11条规定，对于被告人审判前供述的合法性，公诉人不提供证据加以证明，或者已提供的

① 何家弘．论“欺骗取证”的正当性及限制适用——我国《刑事诉讼法》修改之管见［J］．政治与法律，2012（1）：23.

证据不够确实、充分的，该供述不能作为定案的根据。《关于建立健全防范刑事冤假错案工作机制的意见》第8条规定，除情况紧急必须现场讯问以外，在规定的办案场所外讯问取得的供述，未依法对讯问进行全程录音录像取得的供述，以及不能排除以非法方法取得的供述，应当排除。《严格排除非法证据规定》第25条规定，人民检察院应当通过出示有关证据材料等方式，有针对性地对证据收集的合法性作出说明；第34条规定，人民检察院未提供证据或提供的证据不能证明证据收集的合法性，不能排除存在本规定所规定的以非法方法收集证据情形的，对有关证据应当予以排除。证据合法性的证明责任由公诉机关承担，如果公诉机关不能举证或所提供的证据不能排除合理怀疑，则证据将被视为非法证据而排除。视为非法证据的证据可能属于非法证据，也可能最后经查明不属于非法证据，因现有证据无法排除其非法性，故将其作为非法证据排除。

（三）非法实物证据

按照《刑事诉讼法》第56条的规定，非法实物证据是指收集程序不符合法定程序，可能严重影响司法公正的书证、物证。实践中，对于《刑事诉讼法》第56条规定的“收集物证、书证不符合法定程序，可能严重影响司法公正的，应当予以补正或者作出合理解释；不能补正或者作出合理解释的，对该证据应当予以排除”是否属于关于非法证据的规定，有不同理解。有人认为，这种非法实物证据实质上属于可补救的瑕疵证据，对于这类证据的排除以补正或合理解释为前置条件，与司法解释关于瑕疵证据的规定一致。这种观点混淆了非法证据的界定与非法证据的处理之间的区别。非法证据的界定解决的是证据是否属于非法证据的问题，至于非法证据是否排除，则属于非法证据的处理问题，不能因为《刑事诉讼法》第56条规定允许对违法收集的书证、物证进行补正或合理解释，就否定其作为非法证据的本质。

在对非法实物证据进行界定时，有三点必须明确：一是何为实物证据；二是什么是收集程序不符合法定程序；三是对可能严重影响司法公正如何判断。

1. 实物证据的界定

按照学界的通说，实物证据是指以实物形态为存在和表现形式的证据，又称为广义上的物证，包括物证、书证、勘验检查笔录、视听资料、电子数据等具有实物形态的证据以及各种形式的笔录。也有学者认为，“刑事诉讼法所确立的勘验、检查、辨认、侦查实验笔录，尽管通常表现为书面笔录的形式，却属于侦查人员对其侦查过程和相关证据线索的记录，体现了侦查人员的主观认识和判断，因此不应纳入实物证据的范围”①。尽管同物证、书证相比，勘验、检查等笔录的确更容易受到侦查人员主观认识的影响，一定程度上存在主观判断成分，但就总体而言，这些笔录更多的是对场所、物品、人身检查等情况的记录，所以，如果非要在言词证据与实物证据之间作出选择，那么，将这类证据归入实物证据似乎更符合实际。但需要注意的是，非法实物证据中的“实物证据”同通常情况下理论界对于实物证据的概括是不同的，其在范围上比后者要小，至少不包括勘验、检查笔录。因为，之所以将采用非法手段取得的实物证据认定为非法证据，是因为非法取证手段违反了宪法关于基本人权保障的相关规定，侵犯了公民的基本权利。而一般情况下，勘验、检查等笔录的制作以侦查人员为主导，具有单项性，侵犯基本人权的可能性较低，不属于非法证据排除规则的适用范围。② 视听资料和电子数据应属于非法证据中的实物证据，鉴于《刑事诉讼法》第 56 条规定的实物证据仅限于书证和物证，可以通过解释将视听资料和电子证据纳

---

① 陈瑞华 . 刑事证据法学［M］. 北京：北京大学出版社，2012：93.

② 张军 . 刑事证据规则理解与适用［M］. 北京：法律出版社，2010：344-345.

入实物证据中。

2. 收集物证不符合法定程序

对于非法实物证据中的“违法”，《刑事诉讼法》第56条与《排除非法证据规定》第14条在表述上存在一定的差异，规定了更为严格的排除标准。[①] 根据《刑事诉讼法》第56条的规定，“违法”是指“收集物证、书证不符合法定程序”。同《排除非法证据规定》相比，《刑事诉讼法》第56条一方面以“违反法定程序”取代了“明显违反法律规定”，表述上更加准确；另一方面以“收集”代替了“取得”，用语更加规范。显然，由于《刑事诉讼法》对于“非法”的界定更为规范准确，使得其可操作性与《排除非法证据规定》相比，进一步提高。

有学者认为，非法实物证据是指公安、司法人员在刑事诉讼过程中，违反《刑事诉讼法》的相关规定，采取非法搜查、非法扣押、非法侵入公民住宅、非法辨认、非法羁押和非法监听通信，非法诱惑侦查等非法技术手段取得的实物证据。[②] 按照这种理解，收集实物证据不符合法定程序是指采取非法搜查、非法扣押、非法侵入公民住宅、非法辨认、非法羁押和非法监听通信，非法诱惑侦查等违法行为。那么，是否意味着所有不符合刑事诉讼有关收集书证、物证规定的行为，都一律构成非法排除实物证据中的“违法”呢？本书认为，对于收集物证不符合法定程序不能一概而论，违法有程度之分，对收集实物证据不符合法定程序的界定也不能泛化，应视违反法定程序本身以及其所侵犯的权益而定。从我国《刑事诉讼法》的规定看，收集书证、物证的手段主要是搜查、查封、扣押和冻结。按照《刑事诉讼法》的规定，

① 李忠勇．试论我国非法实物证据的排除标准——以排除非法证据规定和新刑事诉讼法第54条为分析对象［J］．江西警察学院学报，2012（4）：15-17.

② 张智辉．刑事非法证据排除规则研究［M］．北京：北京大学出版社，2006：106.

进行搜查，必须向被搜查人出示搜查证，只有在执行逮捕、拘留遇有紧急情况时，才可不另用搜查证直接进行搜查；在搜查的时候，应当有被搜查人或者他的家属，邻居或者其他见证人在场，搜查妇女的身体，应当由女性工作人员进行。在我国，收集实物证据不符合法定程序主要是指未经合法批准或授权而滥用权力，进行非法的搜查和扣押。[①]

3. 可能严重影响司法公正[②]

在非法实物证据的危害性上，《刑事诉讼法》第56条与《排除非法证据规定》第14条相比，有两个方面的变化：一方面是增加了“严重”这一程度限定词，凸显了对排除非法实物证据的审慎态度，以及实物证据不能轻易排除的立场；另一方面是用“司法公正”代替了“公正审判”。这种变化除了因按照《刑事诉讼法》的规定，公检法三机关都有排除非法证据的义务，继续沿用“公正审判”已不能涵盖法律规定的这种变化以外，还在一定程度上体现了立法价值取向的变化。从字面理解，“公正审判”着眼点更多的是在于个案的审判公正，是具体案件内的公正；而“司法公正”则更多的是在司法理念和价值层面强调公正，虽然包括个案本身的公正，但更注重人民群众对司法的外部评价。按照《〈刑事诉讼法〉解释》第95条第2款的规定，“可能严重影响司法公正”，应当综合考虑收集物证、书证违反法定程序以及所造成后果的严重程度等情况来确定。具体包括：

（1）违法收集证据行为对证据证明力可能造成的影响。尽管从整体上看，实物证据的真实性和客观性受违法取证行为影响的程度较小，但有些违反法定程序收集证据的行为是有可能对实物

① 张军．刑事证据规则理解与适用［M］．北京：法律出版社，2010：344.

② 李忠勇．试论我国非法实物证据的排除标准——以排除非法证据规定和新刑事诉讼法第54条为分析对象［J］．江西警察学院学报，2012（4）：18.

证据的真实性和客观性产生影响的，如经勘验、检查、搜查提取、扣押的物证、书证，未附有勘验、检查笔录，搜查笔录，提取笔录，扣押清单，不能证明物证、书证来源的，由于此种违法对证据的真实性和客观性构成了重大影响，因此不能作为定案的依据。

（2）收集证据手段的违法程度。从违法取证手段本身入手进行考察，根据非法收集实物证据违法程度的严重性，以及对公民合法权利的侵害程度来决定是否排除非法收集的实物证据。如果侦查机关违法收集证据的行为违反了宪法的规定，严重侵害了公民的合法权益，则应该进一步考虑该行为对司法公正可能造成的影响。

（3）采用或不采用该证据对司法公正所造成的影响。在当前打击犯罪和实体公正仍然是民众评价司法公正主要标准的背景下，如果不加权衡地将所有通过较为严重违法行为收集的证据都排除，则有可能超越民众对司法公正的认同，虽实现了个案的公正，却使司法权威严重受损。因此，不仅要考虑不排除的影响，而且还要考虑排除后的影响。但我们同时也应明确，“不能对所有非法取得的实物证据都予以采纳，因为非法取得的实物证据毕竟是通过非法程序取得的，不加限制地采纳这种证据，会践踏基本人权，危及宪法和法律的权威，无法彰显程序的独立价值”[①]。

（四）特殊侦查措施与非法证据

特殊侦查措施是指《刑事诉讼法》第 150 条至第 152 条规定的，采用技术侦查、乔装侦查、诱惑侦查、控制下支付等方式，调查取证的行为。这类侦查措施同时具有隐秘性和侵权性特点，是一种以侵犯被取证人隐私权为代价来获取证据的行为，因此，其适用对象和程序应受到极为严格的控制，否则就有可能会出现

① 《刑事证据规则运用手册》编委会．刑事证据规则运用手册［M］．北京：法律出版社，2010：285.

以“新犯罪”来打击“旧犯罪”的情况。在适用该措施过程中应遵循以下程序原则[①]：一是适用范围特定性原则。特殊侦查措施只能针对特定类型犯罪采用。如按照《刑事诉讼法》第150条的规定，技术侦查仅适用于危害国家安全犯罪、恐怖活动犯罪、黑社会性质的组织犯罪、重大毒品犯罪或者其他严重危害社会的犯罪案件；重大的贪污、贿赂犯罪案件以及利用职权实施的严重侵犯公民人身权利的重大犯罪案件以及追捕被通缉或者批准、决定逮捕的在逃的犯罪嫌疑人、被告人。二是必要性原则。特殊侦查措施只有在采取其他侦查措施不足以对犯罪行为进行有效侦查的情况下，才能使用。该措施在使用上具有补充性，应作为最后手段使用。三是相关性原则。特殊侦查措施只能对与特定犯罪相关的人和物适用，包括人的相关性和物的相关性两项原则。人的相关性原则是指在一般情况下，特殊侦查措施只能针对被指控人及其相关人员。物的相关性原则是指特殊侦查措施的范围应尽量限制在与侦查目的有关的内容上。四是审批性原则。侦查机关采用特殊侦查措施必须向有权机关在规定时间内按规定程序报批。

通过特殊侦查措施收集的证据虽然本身具有侵权性的特点，但立法者在个人权利与公共利益之间平衡后作出了牺牲部分个人权利的安排，是合法的“侵权”。同时，为了防止侦查人员滥用特殊侦查措施，违反法律的规定侵犯个人权利，又对其适用的范围、程序、对象等进行了严格的界定。虽然对于违反法律规定采取特殊侦查措施收集的证据是否属于非法证据，《刑事诉讼法》及其司法解释并没有明确规定，但鉴于违法采取的特殊侦查措施具有严重的侵权性，符合非法证据违法性和严重侵权性的界定标准，违反法律关于特殊侦查措施运用规定收集的证据是一类特殊的非法证据，对于此类证据应将其作为非法证据处理。

---

① 陈卫东．《刑事诉讼法》理解与适用［M］．北京：人民出版社，2012：305.

四、瑕疵证据

(一) 瑕疵证据的界定及类型划分

1. 瑕疵证据的界定

早在20世纪90年代末就有研究者提出了“瑕疵证据”一词，但由于认识角度不正确，没能将其与“非法证据”相区分，也就未能准确地揭示其特质。[①] 随着《两个证据规定》的颁布实施，理论界对于瑕疵证据的关注逐渐多了起来。目前，按照界定标准的不同，比较有代表性的观点有以下几种：一是以证据可采性为界定标准的轻微违法说。该说认为，所谓“瑕疵证据”，是指在法定证据要件上存在轻微违法情节（俗称“瑕疵”或“缺陷”）的证据，瑕疵证据属于证据能力待定的证据。[②] 二是以能否“补正”为界定标准的轻微违法说。该说以不同的排除规则适用于不同的对象为基础，逆向推出瑕疵证据与非法证据的区别，将可补正的证据都视为瑕疵证据。三是以证据“三性”为界定标准的不合格证据说。该说认为，证据“三性”有欠缺的证据称为不合格证据。不合格证据包括瑕疵证据和完全不合格证据两种。瑕疵证据，即指不符合法定程序而获得的证据。[③] 上述三种观点虽界定的标准和角度存在一定差异，但均将瑕疵证据视为轻微违法证据，系在狭义上使用瑕疵证据的概念。与理论界的界定不同，实践中关于瑕疵证据概念的运用较为广泛，除轻微违法证据、技术性缺陷证据外，还包括证据客观性、关联性存在缺陷，经补救有采用可能的其他证据，系在广义上使用瑕疵证据的概

---

① 万毅．论瑕疵证据——以“两个《证据规定》”为分析对象［J］．法商研究，2011（5）：118.

② 万毅．论瑕疵证据——以“两个《证据规定》”为分析对象［J］．法商研究，2011（5）：118.

③ 周欣，马英川．论刑事诉讼中瑕疵证据的概念与特征［J］．法学杂志，2012（11）：25.

念。瑕疵证据具有以下特点：

（1）真实性尚未缺失。为确保正确认定案件事实，法官在审查判断证据时，既要考虑证据形式上的合法性，又要考虑其内容上的真实性。其实，仅从违法角度分析，瑕疵证据与非法证据除在违法程度上有区别外，在本质上都属于违法证据。但那些在程序违法方面情节严重的“非法证据”，通常都有一个共同的特征：这类证据取证手段的违法很可能直接影响该证据的真实性，法院一旦采纳它们，就容易作出错误的事实认定。相反，那些被认定为违法情节不严重的“瑕疵证据”，即便为法院采纳，一般也不会造成事实认定上的错误。[①] 瑕疵证据的缺陷主要集中在收集程序和表现方式上。瑕疵证据的“缺陷”通常不是证据形成过程中“自带”的，而是侦查人员在取证过程中人为造成的，一般不会对证据的客观性和关联性造成实质性影响。从两个证据规定及司法解释的相关规定看，瑕疵证据之所以被允许补救，而不是像非法证据那样被排除，主要还是由于其客观真实性在通常情况下是有保证的，违法行为未危及其客观真实性。正是这个原因导致长期以来司法实务界对其视而不见，多将其作为合格证据来使用。

（2）违法程度相对较低。法律关于证据收集程序和方式的规定对保证证据本身的客观性和关联性具有促进和保障作用。在收集过程中，如果侦查人员违反法律关于证据收集程序、方式的相关规定，势必会在一定程度上损害证据的客观性、关联性。因此，瑕疵证据具有一定的危害性。但瑕疵证据多是违反法律法规关于技术性、辅助性规范的规定，违反这些规定对证据客观性和真实性的危害是非实质性的，更多的是一种“可能”，即缺陷的存在使法官对证据的客观真实性产生了“担心”，为此，侦查人员需要通过必要的补正或解释来消除法官的疑虑。同非法证据及其他需要排除的证据相比，瑕疵证据在形成过程中，一般不会侵

① 陈瑞华．论瑕疵证据补正规则［J］．法学家，2012（2）：74.

害被取证人的权利，虽然有时会对被取证人的部分程序性权利造成影响（如询问证人地点不符合法律规定等），但其损害程度较低，并未侵犯公民的人身和财产权利，不会对司法公正产生实质性影响。

（3）侦查人员违法的非恶意性。从瑕疵证据的形成原因看，瑕疵证据多由侦查人员的工作疏忽造成，有责任心的原因，也有记录书写能力的原因，也不排除个别侦查人员图“省事”，“故意”遗漏某些环节导致证据形式不符合法律要求，在主观心态上同非法获取证据有明显区别。在非法取证中，侦查人员明知自己的行为会发生严重危害被取证人权利的后果，仍然实施，主观故意十分明显、恶劣。与此相反，瑕疵证据很多情况下是由于侦查人员工作能力、警力不足等可以被原谅的客观原因造成。正是由于这个原因，瑕疵证据在处理时着眼于补救，能不排除尽量不排除，如果通过补正或解释，能够“治愈”其瑕疵的，则和其他合格证据一样可以作为诉讼证据使用。

需要注意的是，在有关瑕疵证据的规定方面，《〈刑事诉讼法〉解释》虽大体吸收了《两个证据规定》的内容，但有两点例外：一是在辨认笔录瑕疵方面，《关于办理死刑案件审查判断证据若干问题的规定》（简称《死刑案件证据规定》）第30条第2款规定的关于辨认主体、程序以及辨认笔录缺陷可以补正或合理解释的内容，司法解释没有吸收；二是在勘验检查笔录瑕疵方面，按照《死刑案件证据规定》第26条第2款规定，勘验、检查笔录存在勘验、检查没有见证人的，勘验、检查人员和见证人没有签名、盖章的，勘验、检查人员违反回避规定等情形，应当结合案件其他证据，审查其真实性和关联性。该款的内容也没有被司法解释吸收。这应该不是司法解释起草者的无意疏忽，而是深思熟虑后的有意安排。如前所述，瑕疵证据主要是笔录记载上存在缺陷的证据，对于收集程序、主体违反法律的行为已经危及证据的真实性和正当性时，该证据材料不能称之为瑕疵证据。例如，在组织辨认过程中侦查人员少于二人，没有向辨认人详细询问辨认对象的具体特征等，不仅违反了程序规范，而且有可能导致错误辨认，不属于瑕疵证据。又如，勘验、检查没有见证人，则意味着勘验、检查过程没有人监督，会导致勘验、检查的真实性难以保障。因此，在关于瑕疵证据的规定方面，《〈刑事诉讼法〉解释》的有关规定更加科学合理。

2. 瑕疵证据的类型划分

有学者以瑕疵证据产生的原因为标准将瑕疵证据分为：证据因性状改变而产生瑕疵；证据因来源不明而产生瑕疵；证据因形式不符而产生瑕疵；证据因处于未完成状态而产生瑕疵；证据因取证程序违法而产生瑕疵等 5 类。[①] 还有学者以瑕疵证据表现形式为标准，将瑕疵证据分为：证据笔录存在记录上的错误；证据笔录遗漏了重要内容；证据笔录缺少有关人员的签名或盖章；侦查活动存在“技术性手续的违规”等 4 类。[②] 瑕疵证据产生的原因具有多样性，不同的人对于瑕疵产生的原因可能会有不同的认识，因此，以瑕疵证据产生的原因为标准来划分不是很科学。鉴于证据的瑕疵无论因何种原因产生，最终都会以一定的形式呈现出来，故以表现形式为主要标准对瑕疵证据进行划分较为科学。从《〈刑事诉讼法〉解释》的规定看，对于瑕疵证据的界定一般也主要是从收集程序或表现形式入手的。按照表现形式的不同，瑕疵证据可分为证据表现形式瑕疵、证据收集程序瑕疵、证据客观性存在缺陷以及其他类型瑕疵证据 4 类。

---

① 龙宗智，夏黎阳．中国刑事证据规则研究［M］．北京：中国检察出版社，2011：263-265.

② 陈瑞华．刑事证据法学［M］．北京：北京大学出版社，2012：305-306.

(二) 证据表现形式瑕疵

该类瑕疵证据是由于侦查人员的疏忽或遗漏，未将侦查取证过程及结果按照法律要求进行固定所形成的。这类证据大都是侦查人员在制作相关证据笔录时因主客观原因，致使笔录记录内容存在错误、遗漏等情况。在司法实践中，侦查人员由于工作疏忽等原因遗漏了签名，或因案发现场、涉案证据等涉及生僻字等原因导致笔录书写错误，抑或由于时间紧张等原因对笔录内容进行了简化以致笔录内容不能反映案件真实情况等时有发生。如果仅从形式上看，记录类证据的瑕疵比较明显且很严重，因为案发地点、证人姓名、证物性状等书写错误如果得不到及时纠正，将会改变案件的走向，甚至会从根本上否定案件的发生。但实际上，这些侦查取证行为本身并没有违反法律法规的相关规定，只是由于记录的不及时、不全面、不准确，才使证据在形式上呈现出重大缺陷，基于打击犯罪、提高办案效率等考虑，不宜将此类证据排除，应允许侦查人员进行补救。侦查行为本身合法，只是记录未能全面、客观地反映侦查行为的全貌，进而导致证据形式上存在缺陷是记录类瑕疵证据的一个显著特征。记录是一个客观情况之主观再现的过程，由于记录人理解能力、知识水平等主观条件或由于办案现场的客观条件限制，不可避免地会出现一些瑕疵。因此，一般情况下，对于侦查人员的记录错误应允许补救。

(三) 证据收集程序瑕疵

程序类瑕疵证据按照所违反程序类规范的层级不同，又可以分为违反法律类和违反规范类两种。

第一，违反《刑事诉讼法》相关规定产生的瑕疵证据。这类证据是指侦查人员在收集、固定证据时违反了《刑事诉讼法》的规定，但该规定非《刑事诉讼法》的核心规定，仅是起辅助作用的规定。违反这些规定通常不会对证据的客观真实性产生影响。如收集调取的物证、书证，在勘验、检查笔录，搜查笔录，提取笔录，扣押清单上没有侦查人员、物品持有人、见证人签名或者物品特征、数量、质量、名称等注明不详；经勘验、检查、搜查提取、扣押的物证、书证，未附有勘验、检查笔录，搜查笔录，提取笔录，扣押清单；询问证人的地点不符合法律规定；讯问笔录没有讯问人签名等。这类证据具有如下特点：一是违法性，即证据的取证程序或最终表现形式不符合《刑事诉讼法》的相关规定；二是轻微性，即违法行为对被取证人权利不会产生影响或影响很小；三是非实质性，即一般情况下，违法行为对证据本身的客观真实性不会产生实质性影响；四是善意性，侦查人员的违法取证行为系由于疏忽等可以接受的原因所致，而不是恶意规避法律规定。需要注意的是，《刑事诉讼法》对于证据收集的相关规定，对于保障证据取得的正当性和证据本身的客观真实性具有保障作用，对于《刑事诉讼法》相关规定的违反，多多少少会对证据的客观真实性产生影响。因此，只有侦查人员能对违法行为作出合理解释时，才能取得作为证据使用之资格。

第二，违反相关规范类瑕疵。这类证据是指侦查人员在收集、固定证据时违反了《人民检察院诉讼规则》和《公安机关办理刑事案件程序规定》中的有关规定。由于上述司法解释和规则是对《刑事诉讼法》相关规定的细化，违反上述规范收集证据的行为，也间接违反了《刑事诉讼法》的规定，一定程度上会对证据收集的正当合理性和本身的真实可靠性造成影响。但由于这类规范毕竟不是《刑事诉讼法》的直接规定，相关规定的重要性同《刑事诉讼法》相比有一定差别，使得这类行为在违法程度上有别于违反《刑事诉讼法》的规定。《两个证据规定》和《〈刑事诉讼法〉解释》中规定了大量违反相关规范类瑕疵证据。例如，收集调取物证照片、录像或者复制品，书证的副本、复制件未注明与原件核对无异，无复制时间、无被收集人、调取人（单位）签名（盖章）；物证照片、录像或者复制品，书证的副本、复制件没有制作人关于制作过程及原物、原件存放于何处的说明或者说明中无签名等。这类证据具有如下特点：一是违反法律规范的层级较低，一般是违反《人民检察院诉讼规则》和《公安机关办理刑事案件程序规定》关于调查取证的相关规定，有时也包含级别更低的侦查机关（含人民检察院的侦查部门）所制定的内部规范。二是处理的灵活性。法官在处理这类证据时，对于这类瑕疵证据是否允许补救拥有较大的自由裁量权。从司法实践看，一般都会允许侦查人员进行补救，且有时在补救不能的情况下也会审慎采用。

（四）证据真实性存在缺陷

这类证据在收集程序上和表现形式上符合法律规定，但有不符合常理之处，导致证据的真实性和关联性有疑问，需要侦查人员进一步补充说明以澄清疑问。如书证有更改或者更改迹象时，就需要侦查人员作出合理解释；对于破案经过有疑问或者确定被告人有重大嫌疑的根据有疑问的，侦查机关应当补充说明；对视听资料、鉴定结论有疑问，应进行鉴定；对于视听资料制作、取得的时间、地点、方式等有疑问，应提供必要证明或作出合理解释等。这类证据的特点：一是合法性没有问题。这类证据在证据的收集程序和表现形式等方面符合法律规范的要求。二是合理性不足。尽管合法，但证据因有更改或在来源上等方面存在与逻辑经验不相符合的地方，使得法官对其真实可靠性存在疑虑，在是否采用上产生了犹豫。三是需要作出合理解释。对于真实性存在疑问的证据而言，很难使用补正手段对其瑕疵进行弥补，而更多的是需要采取重做、合理解释等手段提升其可接受性。

（五）其他类型证据瑕疵

在司法实践中，除上述证据外，诸如因证据本身性状发生改变而导致证据发生变化，紧急状态下实施的无证搜查等也会被称之为证据瑕疵。法官遇到上述情况时，一般也会要求公诉机关作出解释。对于这类证据，无论在称谓上还是处理方式上都与瑕疵证据相似。鉴于法官在审查判断“问题证据”时，所遵循的是主观判断标准，在侦查人员未作出合理解释之前，该类证据仍会被法官视为“问题证据”。但从实际情况看，该类证据同普通瑕疵证据相比有其特殊性，为澄清司法实践中的模糊认识，现就上述几类证据进行简要分析。

1. “虚假”类瑕疵证据

所谓“虚假”类瑕疵证据是指证据本质上不存在缺陷，只是由于客观环境的变化，造成证据存在瑕疵的假象，需要侦查机关作出相应的说明。例如，在一起案件中，案发地原本属于A市B区，但由于后来行政区划的调整，案发地成了B市A区，导致前后笔录记载不一致。又如，在一起故意杀人案件中，证人为当地人，其对案发地的陈述使用的是当地俗称，没有使用官方称谓，导致地点描述存在不一致。此外，一些书证、物证在取得后，由于空气、水分等自然条件的变化，会随着时间的推移发生自然改变，如书证会因氧化等原因发黄，同现场照片上的记载有一定出入等。这些所谓的“瑕疵”非侦查人员主观原因造成，但会对认定案件事实的准确性产生影响，所以需要侦查人员作出合理解释。

2. 合法性期待不能的瑕疵证据

这类证据主要指证据的取得虽然在形式上违反了法律的规定，但基于对收集证据时主客观情况的全面衡量，侦查人员的行为是被允许的也是必需的，因而可以作为不遵循法律普遍规定的一种例外情况存在。例如，侦查人员在紧急情况下实施的无证搜查、扣押行为；侦查人员因在人烟稀少的地方或深夜实施检查、勘验行为，找不到见证人等。基于现实生活的复杂性，法律不可能对所有侦查中碰到的问题都予以规定，因而允许侦查人员根据侦查需要，采取一些灵活处理措施。理解把握这类证据需要注意以下几点：一是“违法”侦查取证行为是在特殊情况下发生的，是应对突发或偶发情况的一种应急侦查行为，是避免证据流失或证据客观性和关联性遭受损害所采取的必要措施。二是“违法”目的的纯正性。侦查人员实施此类行为时主观上是出于及时收集证据，避免犯罪危害行为进一步扩大等善意的初衷，是在理性判断和价值取舍后作出的行为。三是及时记载和报告。对于这类行为，侦查人员在实施后应及时将相关情况记录在案，并按规定主动报告。四是适用的严格性。这类取证方法必须严格适用，只有在情况紧急、无法采取其他措施时才能适用，且应以法律直接明确规定为宜。

第三章　“问题证据”的比较法考察

它山之石，可以攻玉。本章拟通过对两大法系代表性国家和地区关于合格诉讼证据的评定标准、采纳与排除证据的规则、程序及方式等进行考察，为完善我国“问题证据”的处理提供参考借鉴。限于笔者的能力及篇幅，本书仅就与我国“问题证据”处理相关的制度进行介绍。

一、合格证据的评价标准

掌握证据规则的实际运用，就必须明确规则适用于何种诉讼模式。由于诉讼模式的不同，两大法系对于诉讼证据的评定标准也存在差异。英美法系国家和地区以证据是否可采，作为判断其是否取得准入法庭调查的资格，这种规定与陪审团审判模式相适应。而在大陆法系国家和地区，证据具有证据能力是法官进一步对其证明力进行评判的前提，也是将其作为裁判依据的基础，这种规定与大陆法系奉行的职权主义诉讼模式以及卷宗移送制度与自由心证等具体制度相适应。

（一）大陆法系：证据能力

证据能力多见于日本及我国台湾地区的证据法学理论和相关立法之中，如我国台湾地区“刑事诉讼法”第 155 条第 2 项规定：“无证据能力，未经合法调查……不得作为判断之依据。”按照我国台湾学者林山田的解释，“证据能力，亦称证据资格，或称证据适格性，是指具有可为严格证明系争的实体法律事实之资料的能力。易言之，即某种资料具有可作为证据之能力”。[①] 证据材料取得证据能力需同时具备两个条件：一是消极条件，即指证据数据未因违法取得或其他重大原因而禁止使用，如警员使用不正当讯问方法取得之被告自白无证据能力，不得作为裁判之基础；二是积极条件，即证据数据须经合法的调查方法及程序调查方取得证据能力。[②] 理解证据能力的概念需要把握以下几点：

1. 证据能力是证据可以在诉讼中使用的资格

这种资格并非事实层面上所讲的对案件事实是否具有实质的证明价值，而是源于法律的规定，是一种法律上的资格。这种资格既包含旨在确保证据本身真实可靠的技术性要求，也包含旨在确保证据收集运用符合公平、公正的刑事政策要求。证据能力是人为设定的产物，是立法者为实现一定的技术性或政策性目标而对证据材料所作的限制。从理论上讲，证据能力规范的作用不是将那些不具有实质证明价值的证据排除出去，而恰恰是要将某些具有实质证明价值——甚至是对准确查明案件真相具有关键作用——的证据排除在法庭之外，从而满足诉讼证明所特有的一些要求。[③]

2. 证据能力是证据被用于严格证明的资格

严格证明与自由证明是源于德国证据法中的基础概念，后被日本及我国台湾地区所继承，近年来传入内地并被逐步接受。克劳思·罗科信教授认为，“对于攸关认定犯罪行为之经过、行为人之责任及刑罚之高度等问题的重要事项，法律规定需以严格方式提出证据，亦所谓的严格证明。对于除此之外之事项，法院得以一般实务之惯例以自由证明之方式调查之，亦即可不拘任何方

① 林山田．刑事诉讼法［M］．台湾：三民书局，1990：204.

② 林玉雄．严格证明与刑事证据［M］．北京：法律出版社，2008：19.

③ 孙远．刑事证据能力导论［M］．北京：人民法院出版社，2007：9-10.

式来获取可信性（如以查阅卷宗或电话询问之方式）；在许多案例中对此只需有纯粹的可使人相信之释明程度即已足。”[①] 简言之，严格证明就是用有证据能力的证据并且经过正式的证据调查程序作出的证明。[②] 可见，证据能力规范并非适用于一切证据，有特定的范围限制。

3. 证据能力的理论主张与实际运用不一致

大陆法系国家和地区在理论上采取了与普通法系国家和地区相同的观点，即认为证据能力同可采性一样应当是证据可以进入正式审判程序接受法庭调查的资格。但在大陆法系传统的职权主义审判程序中，由于法庭对证据的“采纳”和“采信”在程序上以及裁判上没有明确区分开来，证据能力由一种接受法庭调查的资格变成了作为定案依据的资格，理论与司法实践之间存在一定程度的脱节。[③]

4. 证据能力与证明力

证明力又称为“证明价值”“证明作用”，是一个证据所具有的能够证明某一待证事实存在或不存在的能力。证明力是一个与证据能力紧密相关的概念。证据要转化为定案的根据包含着两项基本的资格要求：一是证明力，二是证据能力。[④] 证明力又包含客观性和关联性两项内容，是证据法对证据材料在事实和逻辑上所提出的要求，证据具有客观性并与案件待证事实具有关联性就具有证明力。在现代证据法学理论中，证据能力与证明力存在严格的区分，证明力是证据材料本身能够对案件事实发挥证明作用

---

① 【德】克劳思·罗科信．刑事诉讼法［M］．吴丽琪，译．北京：法律出版社，2003：208.

② 【日】田口守一．刑事诉讼法［M］．张凌，于秀峰，译．北京：法律出版社，2010：269.

③ 孙远．刑事证据能力导论［M］．北京：人民法院出版社，2007：14.

④ 陈瑞华．刑事证据法学［M］．北京：北京大学出版社，2012：79，71.

的客观事实，是自带的、内在的，而证据能力则是对证明力所施加的一种法律上的资格限制，是人为的、外在的。[①] 对于定案证据来说，两者如车之两轮、鸟之两翼，缺一不可。从思维逻辑上看，认定证据材料具有证据能力是对其证明力进行进一步判断的前提，法官应先认定证据有无证据能力，唯有未经禁止适用且已经合法调查的证据数据（取得证据能力），才能自由评价其证明力。[②] 当然，证据能力与证明力也并非泾渭分明，完全没有联系，两者间的联系主要体现在以下几点：

（1）部分证明力问题可以转化为证据能力问题。我国台湾学者李学灯教授认为：“证据容许性之各种法则，除因其他外部之政策而发生者外，迹其渊源，更多由于防止不可性之危险。换言之，既由于证据力之问题而转化为证据能力之限制。”[③] 可见，之所以将某些“问题证据”以证据能力不具备为由排除在外，就是基于这些证据材料本身的特点导致其具有极大的虚假可能性，法律便索性釜底抽薪地否定了其作为证据的资格。例如，证言的真实性受到证人感知能力、记忆能力和表达能力的制约，如果证人不是亲身感知，就不能确保其证言的真实性，故证人的猜测性、评论性、推断性证言不能作为定案的根据。这种做法实际上是将证明力的问题转化为证据能力的问题，将证明力这样一个事实认定问题以法律的方法来解决，实现了复杂问题简单化，舍弃了最大限度发现案件事实的可能，把法官最大限度地从认定事实的泥潭中解脱出来。

（2）具有最低限度的证明力是证据材料取得证据能力的条件之一。我国台湾学者陈朴生教授认为，“惟证据评价之关联性，

---

① 孙远．刑事证据能力导论［M］．北京：人民法院出版社，2007：18.

② 林钰雄．严格证明与刑事证据［M］．北京：法律出版社，2008：21.

③ 李学灯．证据法比较研究［M］．台湾：五南图书出版公司，1992：467.

乃证据经现实调查后之作业，系检索其与现实之可能性的关系，为具体的关联，属于现实的可能性，而证据能力之关联性，系调查与假定之要证事实间具有可能的关系之证据，为调查证据前之作业，乃抽象的关系，亦即单纯的可能，可能的可能。故，证据之关联性，得分为证据能力关联性与证明价值关联性两种。前者，属于调查范围，以及调查前之关联；后者，属于判断范围，亦即调查后之关联。”[①] 证据资格的设定也并非完全不考虑证明力，具有最低限度的证明力是证据取得证据资格的条件之一，而且，证据能力问题并不仅仅是合法与违法的问题，也包含了对部分证明力问题的判断。

（3）在某些情况下，证据的证明力会对证据能力产生影响。例如，德国之所以选择对非法取得的实物证据实行裁量排除，是因为与言词证据相比，实物证据发生变化的可能性较小，即使采取违法的方法去收集，一般也不会改变物证本来的属性和状态。[②] 根据法官在证据能力问题上能否行使自由裁量权，可以把确定证据能力的方式分为法定与裁量两种。在裁量模式中，证据的证明力对其证据能力可能会产生重要（甚至是决定性）的影响。[③]

（二）英美法系：可采性

可采性是英美法系中的特有概念，按照《布莱克法律词典》的解释，它是指：“提交法庭上的证据具有法庭或者法官极有可能接受它，也就是允许其在法庭上提出的品质。”[④] 简言之，证据可采性解决的是那些证据可以向法庭提交的问题，也就是证据准入法庭的资格问题。在证据法中，有两个主要问题必须解答，即

---

① 陈朴生．刑事证据法［M］．台湾：三民书局，1972：276.

② 张军．刑事证据规则理解与适用［M］．北京：法律出版社，2010：345.

③ 孙远．刑事证据能力导论［M］．北京：人民法院出版社，2007：22.

④ Black´s Law Dictionary（5th Edition），West Publishing Co.（1979）p. 205.

什么事实和什么材料应该准许采纳为证据让陪审团审议？陪审团可以把这些被裁定能够采纳的事实和材料作何用？几乎所有的证据规则都与这两个问题中的第一个有关。这就是说，大多数证据规则都是关于什么应被采纳为证据的问题——可采性问题。[①]

英美法系国家和地区的可采性规则以证据的相关性（关联性）为基础构建。根据美国《联邦证据规则》的规定，“证据的关联性是指具有下述盖然性的证据，即任何一项对诉讼裁判结果有影响的事实的存在，若有证据将比缺乏此项证据时更为可能或更无可能。所有相关证据均具有可采性，但是美国联邦宪法、国会立法、本证据规则或联邦最高法院根据法定权限所确立的其他证据规则另有规定的除外。”[②] 在英国，证据的相关性（Relevance）是指当事人提供的证据与诉讼中的待证事实是否有关，与待证事实有关的证据被称为“相关证据”。证据的可采性（Admissibility）是指证据是否属于法律上允许在事实审判者面前提供的证据，即是否具有进入法庭调查的资格。[③]“所有相关证据都是可采的”，这是英国证据法的基础性规则。当然，具有相关性的证据也有可能因为属于品格证据等原因而被排除。但是，如果没有关联性，则不具可采性。

关联性可进一步划分为逻辑关联性与法律关联性。逻辑关联性也可称为自然关联性，是指经验意义上的关联性，也就是证据与待证事实之间具有某种联系的属性，由于这种属性的存在，使得法官对于待证事实的有无在形成内心确信时产生一定的影响。[④]

---

① 【美】华尔兹．刑事证据大全［M］．何家弘，等译．北京：中国人民公安大学出版社，2004：12.

② 美国《联邦证据规则》第401条、第402条。

③ 宋英辉，孙长永，等．外国刑事诉讼法［M］．北京：法律出版社，2011：55.

④ 易延友．证据法的体系与精神——以英美法为特别参照［M］．北京：北京大学出版社，2010：115.

法律关联性是指，对具有逻辑关联性的证据，为防止错误而由法律对其所设置的进一步条件，如果具有逻辑关联性的证据不符合法律规定的条件，就否定其可采性。美国《联邦证据规则》第401条关于关联性的规定，采取的是“逻辑关联性”的立场，鉴于从逻辑上讲，任何实物之间都有可能存在关联，这就使得法官以缺乏关联性为由排除证据变得比较困难。威格默认为，如果将关联性界定为逻辑关联性，则无论一个证据的证明力如何微弱，均将具有可采性；因此必须对关联性从法律上加以限制，设置比逻辑关联性更高的门槛，以提高审判效率，因此采取了法律关联性的立场，即要求证据对法官认定事实能够产生高于最微弱影响时，才能认定证据与待证事实具有关联性。① 法律上的关联性看似比逻辑上的关联性标准更高，但何为“最微弱影响”本身也是不明确的。因此，在司法实践中，法官在判断某一项证据是否有关联性时，拥有自由裁量权，奉行的是经验主义。

具有关联性的证据一般都具有可采性。但有时基于诉讼公正、诉讼效率等原因，某些证据即使具有关联性，其可采性仍然会受到限制，如“尽管具有关联性，但可能导致不公正的偏见、混淆争点或误导陪审团的危险远远超过该证据自身可能具有的证明价值，或者考虑到采纳该项证据将造成不适当的诉讼拖延、浪费时间或本不必要的重复举证，该项证据也可被排除”②。

（三）证据能力与可采性

目前，理论界很少对可采性与证据能力进行区分。大部分学者在对可采性或证据能力问题进行研究时，一般将其等同。③ 有

---

① 易延友．证据法的体系与精神——以英美法为特别参照［M］．北京：北京大学出版社，2010：115-116.

② 《联邦证据规则》第403条。

③ 郭志媛．刑事证据可采性研究［M］．北京：中国人民公安大学出版社，2003；孙远．刑事证据能力导论［M］．北京：人民法院出版社，2007.

学者认为，“‘可采性’强调的是不可采纳的证据不得为陪审团所接触，强调的是准入法庭的资格，而‘证据能力’既强调进入法庭的资格，也要求法官不得将其作为裁判的依据；‘可采性’与‘证据能力’内涵有明显区别，‘可采性’既包含法律政策方面的要求，也包含相关性方面的要求，而‘证据能力’则属于单纯的法律问题”。[①] 如前所述，证据能力既包含法律问题，又包含部分证明力问题，因此不能说其纯属法律问题。从理论上讲，证据能力解决的也是证据准入法庭的资格问题，同可采性一致，只是由于大陆法系缺乏在庭前专门处理证据能力问题的程序，以致在实践中证据能力问题与证明力相混同罢了。此外，证据能力仅适用于严格证明程序中，并非所有诉讼活动均适用。从适用范围看，可采性的适用范围要比证据能力要大。尽管证据能力和可采性存在细微差别，但两者在保障事实认定准确性和正当性的功能上是一致的。正因如此，本书在具体论述过程中，也无意对其进行区分。

二、采纳与排除证据的规则

按照达马斯卡的考察，排除规则基于设立原因的不同，可以分为外部排除规则和内在排除规则两类。内在排除规则旨在提高案件事实认定的准确性而设立，其考虑的核心是对证据之证明力的要求，如传闻证据、品格证据等；外部排除规则是为了与事实真相的追求无关的诸多价值而排除有证明力之信息。[②] 美国证据法学家威格莫尔也认为，根据排除或采纳证据的理由不同，可以将证据规则分为基于立正资格而产生的证据规则和基于外部政策

---

① 陈瑞华．比较刑事诉讼法［M］．北京：中国人民大学出版社，2010：75-76.

② 【美】米尔建·R. 达马斯卡．漂移的证据法［M］．李学军，等译．北京：中国政法大学出版社，2003：17-19.

而产生了证据规则两类，前者是为了保证证明的真实性，而后者则是为了保证证明的正当性而设置。[①]基于立证资格而产生的证据规则从确保证据本身的真实可靠性出发，旨在确保案件事实认定的准确性，受到侦查能力水平的限制；而基于外部政策原因设立的证据能力规则与诉讼价值取舍关系密切，旨在确保案件事实认定的正当性。两位西方学者关于证据规则的分类在表述上略有不同，但均抓住了证据规则的本质，有异曲同工之妙。总体而言，“内在排除规则与外部排除规则”的提法似乎更为简洁，也更易于理解。

（一）内在排除规则

内在排除规则关注的是证据本身是否客观真实。证据的客观性和关联性是证据法的核心问题，关系到能否运用证据准确查明案件事实。尽管两大法系对于案件事实的偏好有所不同，实现的路径也存在差异，但总体而言，最大限度查明案件事实真相依旧是两大法系刑事诉讼的主要目标。从总体上看，英美法系国家和地区的证明规则在坚持使用最可靠的证据来源问题上十分严格。这种严格性反映在意见证据规则、传闻证据规则以及原件原物规则之中。[②]在证据客观性问题上，法国、德国等典型的大陆法系国家和地区没有像英美法系国家和地区那样细密的规则规定，却注重从证据的收集程序入手，来实现保障证据客观真实的目的。例如，法国在正式侦查中，要求“凡是包含证人证言的每一页笔录，均应当书写，不留空白，不得在笔录中加行加字。所有加字处都要签字，同样，凡是有划去的字迹或提示，也都应经法官、书记员、证人以及必要时经翻译同意、签字（法国《刑事诉讼法

---

① 郭志媛．刑事证据可采性研究［M］．北京：中国人民公安大学出版社，2003：93.

② 【美】约翰·W. 斯特龙．麦考密克论证据［M］．汤维建，等译．北京：中国政法大学出版社，2004：24.

典》第107条)，否则，有关内容不发生效力。”[①] 又如，按照法国《刑事诉讼法典》第109条第4款的规定，证人拒绝宣誓将受到与拒绝出庭相同的处罚，并引起证言笔录无效。再如，根据法国《刑事诉讼法典》第121条规定，讯问受审查人的笔录，按照证人证言的笔录相同格式制作。受审查人应当受要求亲自阅读其所作的声明，并且应当签字，不按规定签字的笔录视为不成立等。此外，大陆法系国家和地区所奉行的直接言词原则在功能上也起到了与英美法系传闻证据规则相同的作用。

1. 品格证据规则

品格证据规则是英美法系国家和地区的传统证据规则，它指的是：一个人的品格或者一种特定品格（如暴力倾向）的证据在证明这个人于特定环境下实施了与此品格相一致的行为上不具关联性，应予排除。[②] 品格证据规则的规范对象是被告人供述、被害人陈述和证人证言。品格证据虽然有一定的证明价值，但在许多情况下，其证明价值很小，而潜在的偏见危险很大，因此，品格证据一般情况下不能作为证据使用。

（1）美国的品格证据规则及其例外。按照美国《联邦证据规则》第404条的规定，用于证明行为的品格证据不可采，一个人的品格或者品格特征的证据在证明这个人于特定环境下实施了与此品格相一致的行为问题上不具有关联性。但是，品格证据在下述情形中具有可采性：一是被告人品格的例外。被告人的品格与案件事实直接相关；被告人首先提出了关于其品格的证据；应被告人的要求，为证明动机、意图等特定目的时，被告人的品格证据即具有可采性。二是被害人品格证据的例外。按照美国《联邦

① 罗结珍. 法国刑事诉讼法精义（下）[M]. 北京：中国政法大学出版社，1998：563.

② 刘善春，毕玉谦，郑旭. 诉讼证据规则研究 [M]. 北京：中国法制出版社，2000：200.

证据规则》第404条（a）款第2项的规定，被告人提出的证明被害人有关品格特征的证据，或者起诉方为了反驳被告人而提出的有关被害人品格的证据，或者在杀人案件中，起诉方为反驳被害人先施以攻击而提出的被害人性情温和的品格证据具有可采性。三是证人品格的例外。为了证明证人的证言因其不诚信而不应受到信任，在询问证人时，允许通过提供有关品格的意见和名声证据进行质疑或支持。①

（2）英国的品格证据规则及其例外。英国的品格证据包括良好品格和不良品格两种。按照法律规定，被告人有资格作为证人为自己辩护以前，良好品格证据的提出只能在反询问证人的过程中以一般声誉证据的形式得以实现，并且仅仅与被告人是否有罪有关。② 对于被告人有权提出自己的良好品格，制定法从未否定过。③ 按照英国普通法的规定，被告人的不良品格原则上不得作为证据来证明他在特定场合下从事了与其品格相一致的行为。对于不良品格的规定是品格证据规则的核心。英国《2003年刑事司法法》关于品格证据的规定同之前有较大的变化。根据该法第98条的规定，不良品格证据是指不良行为的证据或性格倾向。根据该法第112条的规定，不良行为，即实施了某一罪行或者其他应受指责的行为。④ 该法所指的不良品格证据“并不影响对犯罪事实的证据的可采性。这种证据，以及对该犯罪侦查和起诉相关联的不良行为的证据，都不属于本条规定的定义的范围”⑤，不受不

---

① 美国《联邦证据规则》第607条、第608条、第609条。

② 英国《1898年刑事证据法》第1条。

③ 宋英辉，孙长永，等．外国刑事诉讼法［M］．北京：法律出版社，2011：51.

④ 陈光中．21世纪域外刑事诉讼立法最新发展［M］．北京：中国政法大学出版社，2004：145.

⑤ 陈光中．21世纪域外刑事诉讼立法最新发展［M］．北京：中国政法大学出版，2004：145.

良品格证据规则的限制。

英国《2003年刑事司法法》中对不良品格证据采取了有条件的适用原则。按照该法第101条第1款的规定，下列情形下被告人的不良品格具有可采性：一是各方当事人都同意该证据的提出；二是该证据是被告人自己提出来的，或者该证据是为了回应被告人（或者其辩护人）提出的某个问题而提出的，而这个问题的意图在于引出这个证据；三是该证据是重要的解释性证据；四是该证据与控辩双方争议的一个重要问题相关；五是该证据对被告人与同一个共同被告人之间争论的一个重要问题具有实质性的证明价值；六是被告人给出的关于其本人的印象是错的，而该证据能够纠正这个错误印象；七是被告人已经对其他人的品格进行了攻击。对于非被告人不良品格的规定。按照法律规定，正在受审的被告人以外的人先前不良行为的证据，如果与被指控的犯罪事实和对其的侦查起诉无关，在某些情况下可以被提出：一是该证据是十分重要的解释性证据；二是该证据对某争议事实有实质性的证明作用，并且该争议对案件而言具有实质性的重要程度；三是控辩双方同意该证据被采纳。①

2. 意见证据规则

意见证据规则是指证人陈述的内容，应仅限于其所观察到的事实的描述，对于案件特定事实存在与否的判断，除少数例外情形外，一般不得采纳。有一种观点认为，之所以反对由普通证人（相对于专家证人）意见或推论的形式提供证据，主要基于两点：这个普通证人没有作出这种结论的专门性知识，缺乏基本的技能训练或经验；或者是陪审团本身就有能力对列举的事实作出正确的结论——如果是这样的话，该证人的意见证言将会侵犯陪审团

① 英国《2003年刑事司法法》第100条。

正当范围内的职权。[①] 案件事实的认定依据是一组证据，而非单个证据，单个证人以意见或推论的形式提供证言，即使对陪审团职权有侵犯，也十分有限，证人缺乏作出结论的专门知识和作出结论的充分证据材料才是反对其提出意见的主要原因。意见证据规则的主要目的在于保障证据本身的客观真实。正如我国台湾学者陈朴生指出的："意见，并非证人所体验者，故证人之意见与推测，在证据上并无用途，且影响于公正事实之认定。如许证人提供意见，不特使其供述之客观的事实中，混入与提供证据资料上毫无关系之物，且致立证混乱，提供偏见或预测资料之危险，有碍于真实之发现。"[②]

（1）专家意见的例外。无论是在美国，还是在英国，专家意见都是意见证据规则的重要例外。对于专家证人的资格，按照美国《联邦证据规则》第702条的规定，如果科学知识、技术知识或者其他专业知识有助于帮助事实裁判者理解证据或确定事实争点，其知识、技能、经验、训练或教育使其具有专家能力的人可以作为专家证人。具体来讲，需满足以下四个条件：一是该意见、推论或结论，是依靠专门性的知识、技术或培训作出而不是像陪审员依据的是一般生活教育经验；二是该证人必须被证实在某专业性领域内具有专家的资格；三是对自己的意见、推论或结论，该证人必须作出合理的肯定或可能；四是专家证人必须首先叙述清楚作出意见、推论或结论的背景知识，或者说，必须圆满回答一系列的假设性问题。[③] 对于专家意见的内容，按照美国《联邦证据规则》第702条的规定，需满足三个条件：一是该内

---

① 【美】华尔兹．刑事证据大全［M］．何家弘，等译．北京：中国人民公安大学出版社，2004：426.

② 陈朴生．刑事证据法［M］．台湾：三民书局，1979：297.

③ 【美】华尔兹．刑事证据大全［M］．何家弘，等译．北京：中国人民公安大学出版社，2004：430.

容是基于充分的事实和资料；二是该内容是推论自可靠的原则和方法；三是该证人已将这样可靠的原则和方法运用于案件事实之上。

（2）特定情形下普通证人意见的例外。按照美国《联邦证据规则》第701条的规定：“如果证人不是作为专家提供证言，那么，该证人以意见或推断的方式提出的证言，只有事关下述内容时才具有可采性：A. 合理地建立于证人个人感知的基础之上；且B. 有助于清楚地理解证人证言或确定事实争点；C. 不是基于本规则第702条所规定的科学技术或者其他专门知识做出的。”此外，根据美国各州的判例，同时察觉的事实，连续察觉的事实，总括式的陈述，印象之陈述，视同专家的意见陈述，品格的意见陈述，外形描述，个人身份，精神正常，笔迹等意见证据也可作为例外被采纳。① 按照英国法，证人必须说出他曾经察觉到的事实，但不应该表示意见。但在很多情况下，不让证人就某些事项发表意见是很难做到的事，甚至是不可能的事。因此，除了专家证人就其具有专门知识或技能的事项作证的意见以外，英国法承认以下例外：极难分开意见和事实，而且证人的意见对法官有所帮助的外行证人的意见；证人对非主要争执点事项表示的意见；按照判例，对于意见所根据的事实没有来得及注意或记忆；指出事实会打断他的叙述的流畅性；用提出意见的方式把所察觉到的事实作简明扼要的报告等情形之下的非专家证人意见具有可采性。②

（3）大陆法系国家和地区相关规定。德国、法国等传统的大陆法系国家并没有限制证人意见的证据能力规则，对于证人的推

① 郭志媛．刑事证据可采性研究［M］．北京：中国人民公安大学出版社，2003：181-183.

② 郭志媛．刑事证据可采性研究［M］．北京：中国人民公安大学出版社，2003：178-180.

测或意见，允许审判者自由判断其证明力。但具有大陆法系传统的日本、俄罗斯以及我国台湾地区、澳门地区均不同程度地对证人的意见进行了限制。从“立法”上看，我国台湾地区对于排除意见证据的立场最为坚决，其“刑事诉讼法”规定：“证人个人意见或推测之词，不得作为证据使用。”[①] 但在司法实践中，有时证人对于事实体验的描述同意见或推测的事项并不能彻底割裂，如果不加例外地一概排除意见证据，似乎并不符合司法实践的要求，因此，有学者提出，既要有原则性规定，又要列举例外。[②] 俄罗斯的规定与我国台湾地区类似，根据俄罗斯《刑事诉讼法》第75条第2款规定，证人基于猜测、假设所作的陈述不允许采信。相比之下，日本“原则加例外”的规定似乎更具可操作性。如根据日本《刑事诉讼规则》第199条第13项规定，原则上禁止对证人进行要求其提供意见的询问，也允许对方当事人对该证人提供的不必要的意见声明异议。因此，在日本刑事诉讼中意见陈述不具有证据能力。[③] 但根据日本《刑事诉讼法》第156条关于推测事项供述的规定，“对证人，可以使其供述根据实际经历过的事实推测的事项。前款的供述，即使属于鉴定的事项，也不妨碍作为证言的效力”。从这一规定看，如果证人的意见是建立在其实际经历过的事实之上，则可作为证据使用。需要注意的是，推测的基础必须是经历过的事实，而不能是经验或其他，如果推测是建立在别人的推测或道听途说之上，则不能作为证据使用。在立法模式上，我国澳门地区与日本相类似，根据澳门特别行政区《刑事诉讼法》第117条规定：“就有关事实之纯属个人确信之表述或对该等事实之个人理解，仅在下列情况下及在该等

---

① 我国台湾地区“刑事诉讼法”第160条。

② 刁荣华．比较刑事证据法各论［M］．台湾：汉林出版社，1984：297.

③ 郭志媛．刑事证据可采性研究［M］．北京：中国人民公安大学出版社，2003：195.

情况所指之严格范围内方可采纳……”

3. 传闻证据规则

按照美国《联邦证据规则》第801条规定，“传闻”是指陈述人在庭审或听证过程之外作出的、被提出用以证明该陈述所主张的事情为真实的陈述。一般而言，作为传闻证据的陈述具有以下三个特点：一是至少涉及两个陈述主体，一个是亲身感知了案件事实而具有个人知识的人A，一个是在庭审期日以证人身份出庭作证（或提出书面证据）的主体B。二是至少涉及两个陈述环节，一个是陈述主体A在审判或讯问程序以外对B所作的陈述，另一个是B以证人身份在审判或讯问程序中向法庭所作的陈述（或以书面证据代为陈述）。三是提出该项陈述的目的是证明该陈述所述内容为真。排除传闻证据的目的在于通过直接询问证人，进而保证证言的真实性和完整性。其功能首先在于保证证人所述的是其亲身感知的事实；其次在于保证证人对于其感知到的事实保持了准确的印象；最后就是保证证人准确地表达了他记忆中的印象。①

（1）美国排除传闻证据的规则及其例外。按照美国《联邦证据规则》802条的规定：“传闻证据，除本证据规则或其他联邦最高法院根据立法授权或国会立法所确认的规则另有规定外，不得采纳。”尽管通常情况下，传闻证据不具有可采性，但如果传闻的可靠性可以保证或者系发现真实所必需，则也允许其作为证据使用。按照运用例外规则与证人出庭之间的关系，可将例外规则分为无条件的例外与附条件的例外。②

一是无条件的例外。这是指与陈述人是否出庭作证无关紧

---

① 易延友．证据法的体系与精神——以英美法为特别参照［M］．北京：北京大学出版社，2010：225.

② 易延友．证据法的体系与精神——以英美法为特别参照［M］．北京：北京大学出版社，2010：234.

要，即使陈述人出庭作证，也不得依据传闻规则排除的传闻证据。此类证据包括当场印象、激奋言词、做陈述时的心理、情感或身体状况、为医疗诊断或治疗所做的陈述、回忆记录、常规活动的记录等23种情形。[①] 法律之所以规定此类证据具有可采性，主要是基于这类证据的可靠性。虽然传闻的危险通常包括感知错误、记忆错误、陈述错误、诚实性缺乏保障等，但是特定情形之下，这些危险可能会被降低，从而具备了可采性。[②]

二是附条件的例外。这是指只有在特定情形下，陈述人无法出庭时，才具有可采性的传闻证据，包括先前证词、临终陈述、于己不利的陈述、有关个人和家族历史的陈述及因不法行为而丧失权利（如果一个陈述的不可获得是由于当事人的违法行为，则该陈述虽是在法庭之外作出，仍然具有可采性[③]）。对于这类规则，主要是基于出庭的可能性和必要性考虑，因为在上述情形之下，证人出庭实际上已经没有可能。

（2）英国对于传闻证据的态度转变。按照英国普通法的定义，如果一项主张不是由某人在庭审作证时提出，通常不可作为证明所主张事实的证据而予以采信。[④] 英国《2003年刑事司法法》对传闻证据规则的基本原则进行了重大改革，对传闻证据从严格限制其可采性变为采用更加灵活的方式评估和采纳，在评估传闻证据的证明力上给予了事实发现者更多的信任。按照该法第114条、第115条的规定，无论传闻证据是控方提出还是辩方提出，在遵守某些保障措施的情况下，均是可采的。该法第114条

---

① 美国《联邦证据规则》第803条。

② 易延友．证据法的体系与精神——以英美法为特别参照［M］．北京：北京大学出版社，2010：233.

③ 易延友．证据法的体系与精神——以英美法为特别参照［M］．北京：北京大学出版社，2010：242.

④ 宋英辉，孙长永，等．外国刑事诉讼法［M］．北京：法律出版社，2011：52.

规定，对于符合以下四个条件的庭外陈述具有可采性：一是根据制定法可采；二是根据本法第 11 编的规定保留的普通法则，具有可采性；三是当事人同意其被采纳；四是法庭准许采纳该项陈述。当然，法庭在采纳这种陈述之前，必须确认采纳该证据符合司法的利益，认为该证据是可信的并且是可靠的情况下方才适用。一般需要考虑以下因素：该陈述在证明审理中的争议事项方面的关联程度（假定该陈述是真实的）；该陈述作出的具体情形（如果该陈述确实存在）；某些证据无法获得，该陈述能够补充这种证据的程度；陈述作出者的可信性；不能以口头形式作证的原因；对方当事人能够反驳该陈述的程度，以及不公正的风险。需要注意的是，符合上述条件的传闻仍然可能因为其他原因而排除，如口供在被采纳之前必须符合 1984 年警察与刑事证据法第 76 条和第 78 条的另外要求。[①]

（3）传闻证据规则与直接言词原则。直接言词原则是德国刑事诉讼法上的一项重要原则，具体有言词原则与直接审理原则两项要求。言词原则又称言词辩论原则，是指只有言词所陈述及提及之诉讼资料方得用为裁判之依据。直接审理原则有两层含义：一是作为判决的法院需自己审理案件，原则上不得将证据调查工作委托他人行使；二是法院需自己将原始的事实加以调查，不得假借证据的代用品替代之，尤其是需亲自对被告及证人加以讯问。[②] 按照德国《刑事诉讼法》第 250 条的规定：“对事实的证明如果是建立在一个人的感觉[③]之上的时候，要在审判中对他询问。询问不允许以宣读以前的询问笔录或者书面证言而代替。”直接言词原则与英美法系的传闻证据排除规则在功能上具有相似性，

① 陈光中 . 21 世纪域外刑事诉讼立法最新发展［M］. 北京：中国政法大学出版社，2004：154.

② 【德】克劳思 · 罗科信 . 刑事诉讼法［M］. 吴丽琪，译 . 北京：法律出版社，2003：29-30.

③ 指人的五官感觉，即他看见、听见或者嗅到了什么。

都具有发现实体真实和维护控辩双方平等对抗的作用，直接言词原则同样发挥着排除、限制传闻证据的功能。当然，同传闻证据规则一样，直接言词原则也有例外，如在德国《刑事诉讼法》第251条关于“宣读笔录”的规定中，就列举了诸多例外。但总的来看，要求证人、鉴定人出庭作证是原则，只有存在出庭作证的客观障碍、控辩双方同意以及证词内容与案件审判不直接相关无出庭必要时才允许宣读书面证词。

需要注意的是，在对待传闻证据上，日本采取了类似于英美法系的规定。传闻证据无法进行反询问，系对宪法赋予刑事被告人询问所有证人权力的违反，非法律作出例外规定，否则不能作为证据使用。作为传闻证据的例外，概括起来需要满足三个条件：一是基于客观的原因。如由于供述人死亡、精神或身体的障碍，所在不明或在国外。二是不可替代性。该证据对于证明案件事实十分重要且无其他证据可以代替。三是值得信赖，即该证据在真实可靠性上能够保障。在上述三个条件中，值得信赖是最核心的要件。需要注意的是，法院对于作为传闻证据的例外而可采的书面材料或供述，如果事先没有调查其是否出于自由意志时，仍不能将其作为证据。因为供述的任意性是证据能力的要件①，是保障供述真实可靠的重要保证，也是形成信赖的基础。

4. 最佳证据规则

最佳证据规则是一项规定原始文字材料有优先权作为证据的简单规则。通常认为最佳证据原则仅适用于文字材料，如信件、电文等，然而，现代案件和法规中都明确认为该原则同样适用录音和照片，包括电影底胶片及X片。② 为保证文书资料的可靠性，

---

① 郭志媛．刑事证据可采性研究［M］．北京：中国人民公安大学出版社，2003：249.

② 【美】华尔兹．刑事证据大全［M］．何家弘，等译．北京：中国人民公安大学出版社，2004：420.

最佳证据规则要求提供证据者除非有充足的理由，否则应尽可能地提供文书资料的原件，如果提供的是复制品则应保证其与原件一致。

设立最佳证据规则的最终目的是确保证据的客观真实性，因此，如果复制品的真实性能够保障，也具有可采性。按照英国《1988 年刑事审判法》第 27 条规定，“当面陈述在刑事诉讼中可以作为证据采纳时，它可以通过提交该文件而获得证明，或者通过文件副本来加以证明，无论文件的原件是否仍然存在。副本可以以法庭许可的方式查证。副本与原件之间存在多少次复制并不重要。”① 一般认为，满足下述三个条件的复制品具有可采性：一是能够证明原件在某个时候曾确实存在；二是能够证明存在过的原件是真实的；三是提出不能提供原件的合法理由。② 按照美国《联邦证据规则》的规定，在下列情况下，关于文字材料、视听资料或者照片的内容不要求原件：“A. 原件灭失或损毁。所有原件均已灭失或损毁，但原件灭失或损毁系提出该主张的当事人恶意所致者除外。B. 原件无法获得。通过可行的司法程序或手段均无法获得原件。C. 原件为控方控制。原件出于材料与其不利的一方当事人控制之下，且通过送达答辩状或其他方式已告知该当事人听证的此项材料的内容属于证明对象，而该当事人在听审程序中未提出此项原件的。”③

（二）外部排除规则

外部排除规则设立的目的主要在于实现人权保障、特定社会秩序维护等外在的价值目标，系人类在查明案件事实真相与其他

① 郭志媛．刑事证据可采性研究［M］．北京：中国人民公安大学出版社，2003：262-263.

② 【美】华尔兹．刑事证据大全［M］．何家弘，等译．北京：中国人民公安大学出版社，2004：422.

③ 美国《联邦证据规则》第 1004 条。

价值之间权衡的结果。外部排除规则包括非法证据规则和特权免证规则。特权免证规则是指证人根据法律规定有权以某种理由为依据拒绝就案件特定事实作证，如果侦查人员侵犯证人拒证权取证，则该证据将被排除。特权免证规则包括不得强迫自证其罪的特权、基于亲属关系的特权、职业特权、公务特权等。特权免证规则仅适用于特定人群，适用范围受到严格限制，且有些特权权利人可以放弃（如强迫自证其罪特权），因此不像非法证据规则那样具有广泛的适用性和代表性。限于精力及篇幅，笔者仅介绍非法证据排除规则。

非法证据排除规则超越了证据本身是否客观真实的范畴，旨在通过排除刑讯逼供等严重侵犯被告人基本权利收集的证据，来保障被告人的基本人权，预防和规制警察的非法取证行为。如果说，对于证据客观性和关联性的重视主要是为了查明案件事实真相，准确打击犯罪，那么排除非法证据，则是为了以文明的方式打击犯罪。非法证据排除规则与查明案件事实有时并不一致，甚至会存在较为激烈的冲突，因此，非法证据排除规则只有在人类文明发展到一定阶段才会被得到认可。鉴于人类对公平正义的价值追求具有共通性，非法证据排除规则自20世纪初在美国诞生后，逐步跨越法系的藩篱，在两大法系生根发芽。当然，随着各国犯罪形势的变化，尤其是美国9·11恐怖袭击后所面临的打击恐怖主义犯罪的严峻形势，各国对非法证据排除规则的适用进行了一定限制。

1. 英美法系国家和地区的非法证据排除规则

（1）非法证据排除规则的界定。在美国，早期的排除规则是指，侵犯公民宪法性权利而实施的搜查、扣押所取得的证据应当依法予以排除，不得作为证据采纳。后来，美国联邦最高法院将排除规则的保障范围扩大到了有关不受强迫自证其罪的权利，获得律师帮助的权利以及有关正当程序的宪法性权利保护上。[1] 英国的非法证据主要指非法口供，根据英国普通法，只有控方能证明被告人的供述是出于自愿，供述才是可采的，如果供述是由任何威胁或许诺诱惑所致，则不属于自愿。[2]《1984 年警察与刑事证据法》第 76 条（2）和（3）对排除被告人的供述确立了以下规则：一是如果被告人供述是通过该条禁止的非法手段获得的，则法官在排除该供述方面不再拥有任何自由裁量权，而是直接排除；二是检验被告人供述是否具有可采性的标准不是证据的真实性，而是检控方没有证明它并非通过第 76 条（2）规定的两种方式获得，法官必须排除该供述；三是即使被告人没有申请法庭排除供述证据，法官也可以自行要求检控方证明供述的取得方式没有违法之处。[3] 在传统上，英国法官享有对是否适用检控方提供证据的自由裁量权。如果证据在事实裁判者脑中可能产生对被告人不利的影响大大超过证据的证明价值，则该证据将被排除。[4] 所谓“不利影响”，包括不公正地左右陪审团或者通过那些在证据意义上价值不大的夸张或令人震惊的细节描述使陪审团产生对被告人不利的偏见。[5] 在英国，那些听来的事实或根据非自愿供认而发现的情况是具有可采性的，尽管供认本身是不能采证的[6]，因此，英国并不采用“毒树之果”理论。鉴于在排除规则方面，

---

① 陈瑞华．比较刑事诉讼法［M］．北京：中国人民大学出版社，2010：87.

② 麦高伟．英国刑事司法程序［M］．北京：法律出版社，2003：184.

③ 宋英辉，孙长永，等．外国刑事诉讼法［M］．北京：法律出版社，2011：55.

④ 宋英辉，孙长永，等．外国刑事诉讼法［M］．北京：法律出版社，2011：55.

⑤ 宋英辉，孙长永，等．外国刑事诉讼法［M］．北京：法律出版社，2011：55.

⑥ 宋英辉，孙长永，等．外国刑事诉讼法［M］．北京：法律出版社，2011：115.

美国的排除规则最为典型，影响也最大，本书主要以美国的非法证据排除规则为主进行介绍。

（2）非法证据排除规则的理论基础。对于美国排除证据规则理论基础，有三种理论。一是宪法性权利保护说，即从重视保护财产权益所派生出来的隐私原则，强调通过排除侵犯公民宪法性权利手段收集的证据来实现对公民隐私权的保护[①]；二是司法正直化和规范化理论，即强调法院不应该通过利用非法所得的证据而参与违法行为[②]；三是威慑理论，通过排除非法证据来对警察的行为进行抑制，正如美国联邦最高法院在马普案中所提及的那样，“排除规则的目的在于通过消除违法的动力，来发挥抑制作用——以唯一有效的方式促使（警察保持）对宪法性权利保障的尊重”[③]。

权利保护理论，侧重于从保护公民个人权利的角度来为排除规则提供理论支持；司法正直化和规范化理论，则从维护法院权威、法官守法的角度来进行论证；威慑理论侧重于从规范侦查权行使的角度来进行论证。三种理论各有侧重，都有可取之处。在早期，美国联邦最高法院注重的是权利保护理论和司法正直化理论，但自马普案之后，威慑理论成为支撑美国排除证据规则的主要理论。[④] 但这并非意味着其他两个理论从此就销声匿迹。正如美国联邦最高法院在马普案判决中指出的那样，“我们的判决，以理性和真理为基石，给予公民个人的不过是宪法提供给他的权利保障而已，给警察带来的不过是诚实地执法而已，而给法庭所

---

① 【美】彼得·斯坦，约翰·香德．西方社会的法律价值［M］．王献平，译．北京：中国人民大学出版社，1990：238.

② 宋英辉，孙长永，等．外国刑事诉讼法［M］．北京：法律出版社，2011：115.

③ Mapp v. Ohio，367U. S. 643（1961）．

④ 宋英辉，孙长永，等．外国刑事诉讼法［M］．北京：法律出版社，2011：115.

带来的则是司法公正的实现所必需的司法诚实。”① 因此，没有一个理论可以独自支撑排除证据规则，威慑警察违法尚可以将其理解为保护公民权利的手段，但司法诚信的维护与公民权利的维护则很难说谁才是基础的基础。

（3）非法证据排除规则的适用对象。美国的非法证据排除规则主要适用于下列情形：

一是违反宪法第四修正案实施非法搜查、扣押所取得的证据。在 1914 年的 Weekes v. U. S. 案件中，美国联邦最高法院明确了宪法第四修正案禁止使用那些通过非法搜查、扣押所得的证据，并将这一排除规则适用于联邦警察实施的非法搜查行为。在 1960 年的 Elkins v. U. S. 案件中，美国联邦最高法院宣布非法搜查行为收集的证据无论是联邦还是州警察实施均应排除。②

二是违反宪法第五修正案关于不得强迫自证其罪规定收集的被告人供述。在美国，对口供的证据能力进行限制的原则包括“自由和自愿规则”“堂讯迟延规则”和“米兰达规则”。三个规则从不同角度对被告人供述的使用进行了限制。最早对被告人口供进行限制的是“自由和自愿规则”，即被告人的供述只有建立在自由和自愿的基础上，才具有可靠性。该规则的主要目的在于确保口供的客观性，以保证司法裁判的正确。在 1897 年的 Bram v. U. S. 一案中，美国联邦最高法院认为，被告人向警察所作的有罪供述一旦是暴力、胁迫的结果，那么，就等于警察强迫其作出了不利于自己的证言③，这就侵犯了公民所享有的不受强迫自证其罪的宪法性权利。从美国联邦最高法院的判例看，警察对被告人的拷问、肉体折磨、长时间的连续讯问、威胁、引诱或者施以

① Mapp v. Ohio，367U. S. 643（1961）.

② 陈瑞华．比较刑事诉讼法［M］．北京：中国人民大学出版社，2010：89-90.

③ Bram v. U. S.，168U. S. 532（1897）.

精神强制和压力等，都被认为违背了“自由和自愿规则”。[①] 在1957年的Mallory v. U. S. 一案中，美国联邦最高法院还确立“堂讯迟延规则”，即如果检察官在将被告人提交法官“堂讯”之前存在拖延行为，而供述又恰恰是在这一拖延期间被警察取得的，那么即使是被告人自愿作出的，也会因剥夺了被告人被迅速带至法官面前接受堂讯的权利而被排除。[②] 在1966年的“米兰达”（Mrranda）案件中，美国联邦最高法院对口供的可采性作了进一步限制。美国联邦最高法院在判决中指出，除非检控方能够证明警察在维护被告人不受强迫自证其罪方面提供了有效的“程序保障”，否则，被告人在“羁押性讯问”中作出的供述不得被用作指控其有罪的证据。[③] 所谓“羁押性讯问”，是指执法官员在将被告人带至羁押场所或者以其他方式剥夺其人身自由之后所作的讯问。[④] 所谓的“程序保障”，则是指警察在羁押讯问之前，必须向被告人告知其有权保持沉默；他所说的任何事情都有可能在法庭上被用作对其不利的证据；他有权要求他的律师到场并与其协商；如果他无力委托律师，则在讯问开始之前他有权要求被指定一名律师。[⑤] 当然，“米兰达规则”也存在例外。即使有关羁押性讯问的程序保障要求没有得到遵守，只要被告人的供述具有自愿性，则该证据仍然可以被检方用来对出庭作证的被告人加以“弹劾”；即使警察在羁押性讯问之前没有向嫌疑人告知权利，但只

---

① 陈瑞华．比较刑事诉讼法［M］．北京：中国人民大学出版社，2010：96.

② Mallory v. U. S.

③ 陈瑞华．比较刑事诉讼法［M］．北京：中国人民大学出版社，2010：97.

④ 陈瑞华．比较刑事诉讼法［M］．北京：中国人民大学出版社，2010：97.

⑤ 陈瑞华．比较刑事诉讼法［M］．北京：中国人民大学出版社，2010：99.

要警察的人身安全或者其他人的安全处于危险之中，则被告人所作的供述以及警察从供述中获取的实物证据——“毒树之果”，都可以作为指控被告人有罪的证据。[1]

三是违反宪法第六修正案规定的刑事被告人有权获得律师协助辩护权利取得的证据。在 1964 年的 Escobedo v. Ilinois 案中，美国联邦最高法院认为，在该案中警察在嫌疑人提出要求的情况下，仍然拒绝为其提供与辩护律师协商的机会，这显然侵犯了他的宪法性权利。对于这种宪法性侵权行为，法院只能运用排除规则加以必要的制裁。[2] 在随后的判决中，美国联邦最高法院进一步确认，一旦针对某个人的对抗式诉讼正式开始，被告人就有权在执法官员讯问时获得律师的帮助，被告人获得律师帮助权的时间不得迟于检控方对其提出正式控告之后，警察在检察官提出正式的控告书或者法庭举行了堂讯之后，如果在羁押性讯问过程中没有辩护律师的到场参与，被告人所作的供述则不具有可采性。[3] 被告人可以在羁押性讯问时放弃获得律师帮助的宪法性权利，但这种放弃必须是自愿的、有意的和明知的。如果被告人在堂讯或者预审阶段向法官明确提出了要求获得帮助的愿望，那么，在警察随后主动进行的羁押性讯问过程中，被告人放弃这一宪法性权利的行为将被视为无效。美国联邦最高法院在 1967 年的 Wade 案中指出，宪法第六修正案确立的律师帮助权只在刑事诉讼的“紧要阶段”适用，即被告人的实体权利会因辩护律师的缺席而受到不利影响的诉讼阶段。一般认为，“紧要阶段”主要指辨认阶段、第一次出庭接受聆讯阶段、堂讯阶段、预审阶段、法庭审判、量

---

① 陈瑞华．比较刑事诉讼法［M］．北京：中国人民大学出版社，2010：99.

② Escobedo v. Ilinois，378U. S. 478（1964）．

③ 陈瑞华．比较刑事诉讼法［M］．北京：中国人民大学出版社，2010：100.

刑听证阶段等。[①]

四是违反美国宪法第十四修正案所确立的正当程序条款所收集的证据。在1952年的Rochuin v. California中，警察在医生的帮助下通过手术将被告人吞入胃中的含有吗啡成分的胶囊取出并用于认定被告人有罪的证据。美国联邦最高法院认为，这种行为背离了一个文明社会的基本良知，它尽管并不属于强迫自证其罪的情况，却违反了宪法第十四修正案的“正当程序条款”，对于这种通过违反正当程序方式获取的证据，法院不得采纳。[②] 对于这种排除规则的内容和范围美国联邦最高法院一直没有作出明确的解释[③]，但从美国联邦最高法院在Rochuin v. California中的解释看，正当程序排除条款，更像是排除非法证据的一个兜底条款，即在上述三种排除规则中均不能恰如其分地适用，而警察的违法行为又具有极大的侵害性，损害人的基本尊严时，运用此条款加以排除。

五是“毒树之果”。“毒树之果”理论解决的是警察通过侵犯公民宪法性权利所取得的证据，之后又获得的证据的可采性问题，如在非法逮捕之后取得的自白，又如在取得一项非法自白后根据被告人的自白找到的实物证据等。“毒树”指的是先前的非法行为，既可以是非法的搜查或扣押，也可以是非法的讯问程序，还可以是非法的辨认程序。[④]“毒树之果”排除规则，将证据排除规则延伸适用至二级或派生的证据，通过进一步扩大排除证据的范围来强化对警察违法行为的威慑和公民宪法性权利的保

---

① 陈瑞华．比较刑事诉讼法［M］．北京：中国人民大学出版社，2010：102.

② Rochuin v. California，342U. S. 165（1952）．

③ 陈瑞华．比较刑事诉讼法［M］．北京：中国人民大学出版社，2010：103.

④ 宋英辉，孙长永，等．外国刑事诉讼法［M］．北京：法律出版社，2011：115.

护。为实现打击犯罪与保护人权的平衡，“毒树之果”规则在具体适用中受到一些例外规则的限制：“必然发现的例外”[①]，即赋予那些必然会被合法手段所发现的证据以可采性，如警察在没有律师在场的情况下对嫌疑人进行了羁押性讯问并从中得知了被害人尸体的下落，然后找到了尸体。但检察官提出证据表明，由志愿者组成的搜索队正在被害人尸体周围进行搜寻，且无需太多时间就可能找到该尸体，则尸体作为“必然发现的例外”具有可采性。“独立来源”的例外[②]，即对非法手段以外的独立来源取得的证据可以不予排除。在默里诉美国（Murray v. U. S.，1988）、美国诉帕蒂诺（U. S. v. Patino，1988）及美国诉萨莱斯（U. S. v. Salas，1989）等案件中都采用了独立来源取得的证据。这些证据在首次或前一次非法搜查过程中已经发现但当时没有采集，而在事后通过独立于前一次的合法的手段予以采集，并在法庭上作为证明被告人有罪的证据予以提供。[③]“因果联系减弱”的例外，指的是官员的非法行为与取得的证据之间的因果联系，由于另外因素的影响而被削弱或打断以至消除了被污染证据的污点。[④]“善意的例外”，在U. S. v. Leon案件中，联邦最高法院认为，宪法第四修正案的排除规则不能被应用于阻碍那些执法官员在获得独立公正的地方官员所签署的搜查证之后，以合法的行为所获得的证据的应用，尽管最后发现这个搜查证是无效的。[⑤]

---

① 宋英辉，孙长永，等．外国刑事诉讼法［M］．北京：法律出版社，2011：117.

② 陈瑞华．比较刑事诉讼法［M］．北京：中国人民大学出版社，2010：109-110.

③ Murray v. U. S.；U. S. v. Patino；U. S. v. Salas.

④ 陈瑞华．比较刑事诉讼法［M］．北京：中国人民大学出版社，2010：109.

⑤ 宋英辉，孙长永，等．外国刑事诉讼法［M］．北京：法律出版社，2011：117-118.

2. 大陆法系国家和地区的非法证据排除规则

排除非法获取证据的规定并不是英美法系所特有的，达马斯卡甚至认为，对非法证据进行排除的观点最早出现于大陆法系，这种观点在法国大革命之前的纠问式刑事司法中曾被广泛地接受。[①] 当然，也有观点认为，排除非法证据的理念萌芽于英国。[②] 但大陆法系国家和地区真正将排除非法证据与保护人权联系在一起，那还是在第二次世界大战以后。例如，德国的证据禁止理论、法国的合法正当性原则都不同程度地体现出了排除非法证据的要求。此外，日本通过借鉴英美法系的证据制度，也建立了自己的非法证据排除规则。

（1）德国的证据禁止理论及其实践。证据禁止是指如果调查取证程序损害了犯罪嫌疑人或证人的基本权利，那么这些证据不能在庭审中使用。[③] 德国的证据禁止分为证据提出的禁止和证据使用的禁止。所谓证据提出的禁止，是指违反法律禁止性规定收集的证据不得作为诉讼证据使用，即剥夺其准入资格。[④] 如按照德国《刑事诉讼法》第 136 条 a 的规定："（一）对被指控人决定和确认自己意志的自由，不允许用虐待、疲劳战术、伤害身体、服用药物、折磨、欺诈或者催眠等方法予以侵犯。只允许在刑事诉讼法准许的范围内实施强制。禁止以刑事诉讼法不准许的措施相威胁，禁止以法律没有规定的利益相许诺。（二）有损被指控人记忆力、理解力的措施，禁止使用。（三）第一、二款的禁止规定，不顾及被指控人承诺，必须适用。对违反这些禁令所获得

① 【美】米尔建·R. 达马斯卡．漂移的证据法［M］．李学军，等译．北京：中国政法大学出版社，2003：18.

② 张智辉．刑事非法证据排除规则研究［M］．北京：北京大学出版社，2006：18-19.

③ 李倩．德国刑事证据禁止理论问题研究［J］．中外法学，2008（1）：1.

④ 李倩．德国刑事诉讼法证据禁止制度类型分析［J］．中国刑事法杂志，2010（1）：121.

的陈述，即使被指控人同意，也不允许适用。”所谓证据使用的禁止，是指某些特定证据不能用于证明案件的事实，包括取得本身违反法律的证据和部分合法取得的证据。[①] 德国《刑事诉讼法》第100条b（五），以措施获得的个人信息，只能在处理分析时发现了为查明第100条a所述之一犯罪行为所需要的材料时，才允许用在其他刑事诉讼程序中作为证据。

按照德国理论界的通说，对于证据提出的禁止包括以下四个方面：[②] 一是证据主题的禁止（Beweisthemenverbote），即对特定材料不能作为证据使用的限制。例如，德国《中央档案记录以及感化教育记录法》第51条第1款规定，已经删除或者将被删除的前科记录原则上不能运用在另一个新的诉讼程序中，更不能被作为不利于犯罪嫌疑人的证据。但是，如果犯罪嫌疑人自己提出某项已被删除的前科记录作为减轻自己罪责的证据，则是被允许的。[③] 二是证据方式的禁止（Beweismittelverbote），即某些违反法律关于免于作证、不得扣作物证、进行身体检查等规定所获取的证据不能作为证据使用。如根据德国《刑事诉讼法》第52条至第55条规定，特定人群基于个人原因、职业上的原因、公务原因等享有拒绝作证的权利，侵犯上述权利所收集的证据不能作为诉讼证据使用。三是证据手段的禁止（Beweismethodenverbote），即证据因收集手段违法而不能作为证据使用。如违反德国《刑事诉讼法》第136条a（一）和（二）规定，使用侵犯被告人身体或意志自由的刑讯手段所获取的证据以及违反《刑事诉讼法》第81

① 李倩．德国刑事诉讼法证据禁止制度类型分析［J］．中国刑事法杂志，2010（1）：122.

② 李倩．德国刑事诉讼法证据禁止制度类型分析［J］．中国刑事法杂志，2010（1）：120；宋英辉，孙长永，等．外国刑事诉讼法［M］．北京：法律出版社，2011：294.

③ 宋英辉，孙长永，等．外国刑事诉讼法［M］．北京：法律出版社，2011：294.

条a关于对被告人的身体检查应该由医师进行的规定所获取的证据。四是证据命令的禁止（Beweisanordnungsverbote），即证据的取得违反了法律关于授权主体和时间的规定，因而不能作为证据使用。如根据德国《刑事诉讼法》第100条b的规定，关于监视电讯往来的命令只能由法官作出，在有延误就有危险的时候，也可以由检察院决定，但是检察院的命令如果在3日内都没有获得法官的确认，即失去效力。

证据使用禁止按照法官是否依据法律明文规定的证据取得禁令，可以为独立性证据使用禁止（有学者称自主性证据使用禁止）和依附性证据使用禁止（非自主性证据使用禁止）。[①] 依附性证据使用禁止与证据提出禁止密切相关，“依附”于证据提出禁止，即证据之所以排除在法庭之外，不能作为诉讼证据使用，是因为证据的取得违反了法律关于证据取得的禁止性规定，如违反德国《刑事诉讼法》第136条a的规定所取得的证据就不能作为诉讼证据使用。但证据提出禁止和依附性证据使用禁止之间并非一一对应，违反法律关于证据提出禁止的规定并不必然导致证据使用禁止。按照德国法院所作的判决解释，对于违反证据提出禁止所取得的证据是否排除，通常需要考虑以下因素[②]：一是违法取证行为是否损害了那些能从排除证据中受益的人（通常是被告人）的法定利益；二是该证据是否非使用违法手段不能取得；三是证据的排除是否与那些被破坏的程序规则之目标相称；四是证据排除是否与“依据实体真实裁判案件”这一最高利益相冲突。总之，依附性证据使用禁止是对法律所保护的不同利益之间权衡的结果，应该个案判断，但可以肯定的是证据提出禁止并不必然

---

① 陈瑞华．比较刑事诉讼法［M］．北京：中国人民大学出版社，2010：182.

②【德】托马斯·魏特根．德国刑事诉讼程序［M］．岳礼玲，温小洁，译．中国政法大学出版社，2004：195

导致证据使用禁止。

独立性的证据使用禁止。该类证据使用禁止并不是依据证据提出禁止而导出，而是因为该类证据的取得和使用将会对宪法所保障的基本权利造成侵害。由于独立性证据使用禁止系由德国联邦宪法法院和德国最高法院根据基本法的权利保障条款所推导出来的证据规则，无成文法对此予以具体规定。因此，在理解过程中，争议较大。先后出现了“权利范围说”“保护目的论”“上诉理论”“信息支配权”等学说[①]，但因这些理论均不同程度存在缺陷，而未能形成通说。目前，在实务界中占支配地位的是以具体情况为基础的权衡论。[②] 权衡论放弃了构建一个普适理论解决所有证据使用禁止情形的努力，转而在不同案件中对不同利益关系加以具体分析，进而决定是否适用证据禁止规则。为在刑事追诉利益和公民基本权利保护之间进行平衡，德国联邦宪法法院在判例中形成了判定公民个人权的“三级别理论”，这一理论为个案权衡提供了较为清晰的指引。“三级别理论”将公民个人权利按照重要程度，分为三个级别[③]：第一级别，公民个人生活的外部范围或者叫作社会关系领域，涉及该部分的证据材料可以任意使用，公民在该领域不享有特别的保护；第二级别，公民个人生活的“简单个人领域”，需要进行刑事追诉和私人权利之间的衡量；第三级别，根据基本法第 2 条第 1 款和第 1 条第 1 款规定，公民个人生活绝对需要保护的“私人核心领域”，涉及该部分的证据材料禁止使用，禁止公共权力对私人核心领域进行侵害，法院在裁判时对涉及第三级别的证据不需要进行利益衡量。当然这种划

① 【德】克劳思·罗科信．刑事诉讼法［M］．吴丽琪，译．北京：法律出版社，2003：214.

② 宋英辉，孙长永，等．外国刑事诉讼法［M］．北京：法律出版社，2011：294.

③ 李倩．德国刑事诉讼法证据禁止制度类型分析［J］．中国刑事法杂志，2010（1）：121.

分也存在着缺陷，并不能完全解决司法实践中存在的问题，在具体适用中仍需根据比例原则权衡适用。也因此，本属于“私人核心领域”的犯重罪的被告人关于其犯罪的详细记录（日记），可以作为证明其犯罪的证据使用。[①] 在具体运用过程中，司法实务界将权衡理论与“三级别理论”联系起来，根据犯罪严重程度和取证行为违法程度来具体判断。

（2）法国的证据合法正当性原则。法国之证据合法性仅指刑事证据之取得，不得与法定程序有违，而必须以“光明正大”之途径取得。[②] 按照法国《刑事诉讼法典》第 81 条规定，预审法官依法进行或委托其他人进行其认为有益于查明事实真相的一切侦查活动。基于对基本价值的尊重，不得为了查明事实而不加限制地采用任何手段查找和使用证据。这其中包括：不得有损人的基本权利；不得有损司法尊严，为了查明真相而采取不正当手段的收集证据。具体要求如下：

一是收集证据不得侵犯基本权利。即侵犯或损害由《欧洲人权公约》《人权宣言》等基本法律所规定的关于生命、人格尊严、自由意志、获得辩护等权利。如按照《欧洲人权公约》第 3 条的规定，任何人不受酷刑或有损尊严的或非人道待遇。一方面，刑事诉讼中的证据不得以任何暴力方式获得；另一方面，有损人格尊严、有损个人意志的某些高科技手段也应该被排除，如 1949 年法国最高法院在“戊硫巴比妥”案中，认定采用麻醉手段进行讯问属于侵犯个人自由意志的非法行为。[③]

二是收集证据需遵守正当性原则要求。即禁止使用以欺骗、

---

① 【德】克劳思·罗科信．刑事诉讼法［M］．吴丽琪，译．北京：法律出版社，2003：218.

② 葛玲．刑事证据排除［M］．北京：中国人民公安大学出版社，2011：60.

③ 宋英辉，孙长永，等．外国刑事诉讼法［M］．北京：法律出版社，2011：250.

诱骗等不正当手段获得证明材料，司法官、接受法官委托办案的司法警察、宪兵都要遵守收集证据的正当性原则，但是，对于刑事诉讼中民事当事人以非法或不正当手段获得的录音录像材料，最高法院刑事庭的态度却比较宽容，并没有作出予以排除的宣告。①

为了适应查明犯罪事实真相、打击犯罪的需要，无论是对于基本权利的保障，还是对于收集证据正当性的要求，都作了某些平衡。例如，为了检测醉酒状态而进行的血液酒精测试和为轻罪犯罪嫌疑人拍照以确认身份就不属于非法证据，不构成对基本权利的侵犯。又如，为了打击毒品犯罪，司法警察在得到共和国检察官或预审法官的许可后，可取得毒品，或为了取得毒品为犯罪嫌疑人提供运输、储存、保管毒品等法律或经济上的帮助。② 从适用目的看，法国的合法正当性原则与德国的证据使用禁止似乎具有很大的相似性，均为保障宪法性之基本权利而设立，为打击犯罪和查明案件事实的需要，又可根据实际情况作出某些例外规定。

（3）日本的非法证据排除。日本早期的非法证据排除规则，针对实物证据和言词证据有所区别。一般来说，对于实物证据排除的规则不是明文规定的，而是判例采用的原则，而法律关于非法收集的自白证据的规定是对非法证据的特别规定。③

一是关于排除非法实物证据的一般原则。早期日本法院的判例认为，“扣押物品即使在程序上违法也不能改变物品本身的性质和形状，涉及扣押物品形状等方面的证据价值并没有发生变

① 宋英辉，孙长永，等．外国刑事诉讼法［M］．北京：法律出版社，2011：250.

② 宋英辉，孙长永，等．外国刑事诉讼法［M］．北京：法律出版社，2011：250.

③【日】田口守一．刑事诉讼法［M］．张凌，于秀峰，译．北京：法律出版社，2010：290.

化”［最判昭和二十四（1949）年12月31日《刑集》第15号，第349页］。此后的判例基本采纳了这种观点，直到1978年，日本最高法院的判例中才明确了非法证据排除规则。日本最高法院在判例中指出，“查明事实真相也必须保障个人的基本人权，也必须适用正当的程序。除宪法第33条规定的情况和有令状的情况以外，宪法第35条保障住所不受侵犯、不受搜查和扣押的权利。根据这一规定，刑事诉讼法严格地规定了搜查和扣押等内容。鉴于宪法第31条保障正当程序等内容，在扣押物证等程序上无视宪法第35条和刑事诉讼法第218条第1款规定的令状主义精神的，是重大违法。这种违法程序收集的物品可以作为证据，但从抑制将来的违法侦查的角度看，认为是不适当的，应当否定该证据的证据能力”［最判昭和五十三（1978）年9月7日《刑集》第32卷第6号，第1672页］。①

二是关于非任意性自白排除的特殊规定。按照法律规定：“出于强制、拷问或胁迫的自白，在经过不适当的长期扣留或拘禁后的自白，不得作为证据”②。日本《刑事诉讼法》第319条第1款在此基础上增加了“以及其他可以怀疑为并非出于自由意志的自白”③。按照刑事诉讼法理论的解释，确立非任意性自白排除规则的目的，在于防止虚假自白、保障人权和排除违法。④ 在日本理论界，排除违法说得到了有力倡导，但在实务界，自白排除标准的重点却放在了以虚假排除说或确保任意性为基点的混合说

① 【日】田口守一．刑事诉讼法［M］．张凌，于秀峰，译．北京：法律出版社，2010：291.

② 。日本《宪法》第38条第2款。

③ 日本《刑事诉讼法》第319条第1款。

④ 【日】田口守一．刑事诉讼法［M］．张凌，于秀峰，译．北京：法律出版社，2010：291.

上。[①] 依照判例，否定自白任意性的要件有两个：其一，自白的获得程序违法或不适当；其二，该违法或不适当的程序和自白之间存在因果关系。[②] 也就是说，自白获得程序违法或不适当未必导致自白的排除，只有这种违法致使自白是在非自愿条件下作出，以至于其客观性难以保证时，自白才会被排除。如夜间调查本身并不一定使自白丧失证据能力，除非夜间调查与自白的非任意性之间存在因果关系。[③]

三是关于“毒树之果”。日本证据法学理论认为，根据违法侦查发现的证据而再次发现的证据（派生证据），也应予以排除。如果不排除派生证据，排除规则就失去了精髓。在具体界定排除派生证据的范围时，有一种理论认为，应根据违法的程度和两个证据之间的关联性来判断。[④] 首先应对最初违法收集物证或采用自白时的违法形态和程度进行分析，只有在确认最初违法形态达到非法证据标准时，才需要进一步考虑在此基础上收集的派生证据是否需要排除，否则就不涉及如何处理派生证据的问题。对于在非法证据基础上收集的证据，要看收集证据的行为与先行的非法行为之间是否存在“密切的关联性”。如果先行的违法侦查行为与后续的侦查行为之间存在同一目的或者直接利用的关系，则后续行为也是非法的，派生证据需要排除。如果派生证据系独立的侦查活动取得或由于先行行为与后续行为之间介入了其他因素导致前后两个侦查行为之间的因果关系减弱或中断，则应承认派

---

① 宋英辉，孙长永，等．外国刑事诉讼法［M］．北京：法律出版社，2011：456.

② 宋英辉，孙长永，等．外国刑事诉讼法［M］．北京：法律出版社，2011：456.

③ 宋英辉，孙长永，等．外国刑事诉讼法［M］．北京：法律出版社，2011：456.

④ 【日】田口守一．刑事诉讼法［M］．张凌，于秀峰，译．北京：法律出版社，2010：294.

生证据的证据能力。①

三、采纳与排除证据的程序

采纳与排除证据的程序主要解决的是谁有权对证据的采纳与排除提出异议，何时提出异议，谁负责裁决，以何种方式作出裁决，何时作出裁决等问题。相比较而言，证据的采纳与排除的规则属于实体性规则，而采纳与排除的程序则是这些规则得以实现的保障。两大法系由于诉讼模式的不同，在采纳与排除证据的程序上存在较为明显的差别，而且这种区别比较分散，很难从某个特定角度找出一对高度概括的术语对其进行集中比较，因此在具体研究中，拟从排除程序的启动、启动排除程序的时间等方面入手，从不同角度比较两大法系在证据采纳与排除程序上的区别。

（一）证据排除的当事人主义与职权主义

排除证据的程序与诉讼结构密切相关，具有鲜明的法系色彩。按照法官在程序启动中发挥作用的不同，排除证据的启动模式大体可以分为两种：一种是英美法系国家和地区的当事人主义，即是否启动程序由当事人决定，法官无主动审查证据资格的义务；另外一种是大陆法系国家和地区的职权主义，即无论当事人是否提出排除证据的申请，法官均有主动审查证据资格并依法作出是否排除的决定的义务。当然，这种划分并不绝对，有时英美法系国家和地区也存在一定的职权主义因素，大陆法系国家和地区也并非就一律排斥当事人的影响。

1. 英美法系的当事人主义及其例外

在证据排除问题上，英美法系奉行的是当事人主义，“多数证据法仅是有条件的适用，即只有在当事人援引证据法的规则

① 【日】田口守一．刑事诉讼法［M］．张凌，于秀峰，译．北京：法律出版社，2010：294-295.

时，证据法才发生效力”[①]。法官只有在当事人提出排除证据的申请后，才会对证据的可采性进行审查，如果当事人没有提出申请，则法官无主动审查的义务。如在美国，“要想让证据排除规则在实际中得到公正地适用，反对方就应当在对某一证据的可采性产生争议之时，及时告知法官并提出相应的理由。这个责任由反对方负担，而不是法官”[②] “由于提出合法的异议是律师的责任，而不是审判法官的责任，所以律师未能以适当的方式及时对某项证据的采纳提出异议，就等于放弃（永远放弃）了就该证据的可采性提出反对的权利。”[③] 如果没有在规定的时间内对不适格的证据提出异议，那么以后就不能再对证据的采纳提出任何形式的抗议，该证据将被采纳并发挥其证明力。如果当事人没有提出异议的证据具有证明力，那么证据的不可采性不影响它被用来证明案件事实。

在英美法系国家和地区，尽管发现案件事实真相的价值对于任何一项司法裁判活动都显得至关重要，但发现案件事实真相却不是刑事诉讼的唯一目的，有时甚至不是最重要的目的。发现真实的价值，只有在解决纠纷目的所允许的范围内才受到强调。“大力探求事实真相的做法，尽管有助于揭示事实真相，却更易于激化而非吸收当事人之间的根本分歧。”[④] 因为在英美法系国家和地区，司法的目的在于解决纠纷，“司法审判不是寻求审查被调查的过去事件（即案件）的最终真实性，而是建立一种回复过

① 【美】米尔建·R. 达马斯卡．漂移的证据法［M］．李学军，等译．北京：中国政法大学出版社，2003：121.

② 【美】约翰·W. 斯特龙．麦考密克论证据［M］．汤维建，等译．北京：中国政法大学出版社，2004：109.

③ 【美】华尔兹．刑事证据大全［M］．何家弘，等译．北京：中国人民公安大学出版社，2004：65.

④ 【美】米尔吉安．R. 达马斯卡．比较法视野中的证据制度［M］．吴宏耀，等译．北京：中国人民公安大学出版社，2006：12-13.

去事件可以被接受的正确的可能性。”[①] 因此，在英美法系国家和地区，当事人的意见和决定可以影响诉讼的走向，对诉讼结果能够产生决定性的影响。当事人主义在排除证据时也存在例外，如果法官认为证人不合格或不可采，并且严重妨碍正义实现的时候，允许法官在当事人无异议的情况下主动排除证据，且主要限于证据因不相关、不可靠、误导性、引起偏见而不可采的情形。[②]

2. 大陆法系的职权主义及其例外

一般认为，大陆法系国家和地区的事实认定与法律适用均由法官依职权进行，证据的排除问题原则上由法官依职权决定，无需当事人主张。即便有当事人主张，是否排除最终仍须由法官决定。有时甚至在立法中直接否定当事人对于证据是否排除的意见，如根据德国《刑事诉讼法》第 136 条 a 的规定，对于违反该条第（二）款的规定，不管被告人是否同意均须适用。对违反这些禁令所获得的陈述，即使被指控人同意，也不允许适用。大陆法系国家和地区的这种规定与其刑事诉讼价值目标密切相关。在职权主义诉讼模式之下，法官和控方在诉讼目的上具有某些一致性，比较注重对客观事实的发现，强调发现事实真相是公正判决的先决条件，为了实现这一目的，理论上只要有助于查明案件事实，各种证据均可进入诉讼，“职权主义的原理是探寻与决策者作出决定有关的事实的准确、完整的信息。”[③] 当然，大陆法系国家和地区在排除证据时，也并非完全不考虑当事人的意见。德国联邦上诉法院曾经作出决定，对于如果被告人反对就无法使用的证据，被告人在一些情况下可以同意使用这些证据。如当某一证

---

① 牟军．中国刑事诉讼制度重构的“瓶颈”及其破解——基于刑事证明标准的分析［C］．金陵法律评论，2002（3）：94.

② 【美】约翰·W. 斯特龙．麦考密克论证据［M］．汤维建，等译．北京：中国政法大学出版社，2004：122.

③ 【德】托马斯·魏特根．德国刑事诉讼程序［M］．岳礼玲，温小洁，译．北京：中国政法大学出版社，2004：2.

据由于属于被告人受保护的隐私范围而让人产生怀疑时就属于这种情况：既然没有人可以阻止被告人透露其最隐秘的信息，他明确的同意就会使该证据可采。

（二）提出证据排除的时机选择

关于证据排除的时机，大体上有两种：一种是在正式的法庭审理之前提出；另外一种是在庭审过程中提出。大陆法系国家和地区采取的是在庭审过程中提出的方式，而据笔者考察，英美法系国家和地区似乎两种方式都存在，而且针对非法证据与其他不适格证据有不同的要求。就非法证据而言，英美法系的传统做法是控诉方向法院提出证据时，被告方同时提出该证据为非法取得，从而反对使用该证据。这个规则称之为“同时反对原则”。美国的一些州和英国仍采用此种方式。[①] 但美国的大部分州已经放弃这种做法，转而采用庭前排除模式，在美国大部分司法辖区内，一方必须在审判之前提出排除非法证据的申请，否则便以弃权论处。对于其他不适格证据，以庭前提出为主，但也不禁止在庭审过程中提出。如为防止偏见，当事人可以就证据的可采性问题申请法官预先裁定，这种预先裁定可以在审判前提出，也可以在审判中举证方提出证据之前申请。[②] 需要注意的是，虽然同是在庭审过程中提出排除非法证据的申请，但英美法系国家和地区是在出示证据之前，而大陆法系国家和地区是在出示证据之后，两者在具体的时间节点上存在差别。

1. 在法庭审理之前提出

在英美法系国家和地区，证据的可采性问题一般于庭审前解决。在美国，刑事证据的可采性问题，原则上既可以在开庭审判

---

① 杨宇冠．非法证据排除规则研究［M］．北京：中国人民公安大学出版社，2002：107.

② 【美】约翰·W. 斯特龙．麦考密克论证据［M］．汤维建，等译．北京：中国政法大学出版社，2004：111.

之前予以处理，也可以在开庭审判过程中加以解决。但是，考虑到可采性规则解决的是证据进入法庭审判的准入资格问题，因此，法院通常希望控辩双方在开庭之前就解决证据是否具备可采性的问题。尤其是对于非法证据排除，美国大多数司法管辖区都明确要求辩护方必须在审判之前提出排除非法证据的申请。[①] 一般来说，如果针对提问或回答的“形式和方式”提出异议，反对方应在制作笔录供词的时候提出（并且通过审前的申请予以排除）。[②] 因为这样可以使控辩双方事先明确哪些证据的可采性是有争议的，哪些是没有争议的，从而作出针对性的准备，使法庭审判活动更加富有效率。在英国，对于辩护方提出排除某一控诉方证据的申请，也都会举行专门的预先审核程序（Voir Dire），在审判前对证据的可采性问题进行审查。[③] 这种在正式开庭前事先排除不具备证据资格的证据材料的做法，有助于明确庭审的重点，隔断不合格证据对事实裁判者的影响路径，对于庭审效率的提高和保障事实认定的准确均有益处，能够较好地满足陪审团审判的需要。

2. 在法庭对证据进行实质性审查之前提出

虽然英美国家的证据排除申请以庭审前为主，但对于非法证据之外的排除申请，似乎也可以在庭审过程中提出，有时甚至是在陪审团在场的情况下提出。如果对于证据可采性的异议指向案件的“实体问题”，比如相关性和传闻，那么应在庭审中第一次提出笔录供词时提出。在庭审过程中，反对方不能坐等不利于己的后果，一旦提出异议的时机成熟，反对方就必须马上提出异议，一旦陪审团接触到了不可采证据的具体内容，申请证据排除

---

① 王超．刑事证据排除的两种模式［J］．现代法学，2013（3）：108.

② 【美】约翰·W. 斯特龙．麦考密克论证据［M］．汤维建，等译．北京：中国政法大学出版社，2004：110.

③ 张军．刑事证据规则理解与适用［M］．北京：法律出版社，2010：315.

的效果便会大打折扣。当然，如果反对方在证据被采纳后才发现应该对此证据提出异议的，可以立即提出“事后异议”，对不可采的证据提出删除申请，并且要求法官向陪审团补救性地指示忽略此证据。[①] 综上，英美法系国家和地区关于当事人提出证据排除时机的规定深受其诉讼模式的影响，证据可采性问题在英美法系国家和地区属于法律问题，按照分工由法官裁定，为了避免陪审团受到不可采证据的影响，陪审团在法官处理可采性问题时，应尽可能回避，对于无法回避的，应在法官的指示下忽略该证据的存在。

3. 在证据出示完毕后提出

大陆法系国家和地区虽然在理论上也认为，具有证据能力是证据进入法庭并对其进行调查的前提。但由于事先缺乏一个专门程序来解决证据能力问题，实践中，证据能力问题与证明力问题大都放在正式的审理程序中一并解决，当事人如果对证据的证据能力和证明力有意见，一般都在质证阶段一并发表。如根据日本《刑事诉讼法》第 309 条的规定，检察官、被告人或者辩护人，在正式的公审程序中应对证据的调查提出异议，这里的异议就既包括证据能力问题的异议也包括证明力问题的异议。在大陆法系国家和地区，对于证据的异议，通常只能在事后提出，此时即便证据没有证据能力，其信息也已经对法官产生了影响。当事人申请排除证据的申请，如果被法官接受，所产生的结果是证据被排除在定案根据之外，但却无法阻止法官接触证据的事实。

大陆法系国家和地区之所以如此规定，一方面，是因为基于对职业法官自身能力素质的信任；另一方面，也是更重要的，国家可以通过多种手段对职业法官的行为进行管理和监控。在这其中，裁判文书说明理由制度以及上诉审查制度是最有效的制约。

---

① 【美】约翰·W. 斯特龙. 麦考密克论证据［M］. 汤维建，等译. 北京：中国政法大学出版社，2004：110.

如根据德国《刑事诉讼法》第267条的规定："被告人被有罪判决的时候，判决理由必须写明已经查明的、具有犯罪行为法定特征的事实。证据如果是根据其他事实推断出来的时候，也要写明这些事实。"又如日本《刑事诉讼法》第335条也规定："在作出有罪的宣告时，应当指明构成犯罪的事实、证据的目录及适用的法令。经提出在法律上妨碍构成犯罪的理由或者成为加重减免刑罚的理由的事实时，应当指明对此作出的判断。"法律关于陈述判决理由的要求，一方面，为当事人了解监督法官审查、判断、运用证据，认定事实，适用法律的行为提供了依据；另一方面，也为上诉法官审查一审裁判行为明确了方向。有一种观点认为，从案件事实认定结果的产生来看，受合议制、心证难以量化以及预断和偏见的影响，判决书中列明的那些理由很难说就是事实裁判者心理过程的忠实反映。[①] 但无论如何，要使自己的裁判能够经受得住当事人的质疑和上级法院的监督，法官就必须使自己的裁判结果能在逻辑上和法律上经受住考验，就必须按照公认的原则和标准处理裁判过程中遇到的证据及其他问题，这其实就已经足够了。

（三）采纳与排除证据的处理模式

从最终的处理结果上看，对不符合证据能力规则要求的证据，只有排除或采纳两种处理方式，在这一点上，两大法系并没有区别。所不同的是不同法系或国家在排除或采纳证据时的具体路径。按照法官在排除或采纳不适格证据时是否拥有自由裁量权，处理不适格证据的方法可以分为法定主义（强制主义）与裁量主义两种。在法定主义模式下，对于各种情形之下证据能力的有无，法律事先予以详细规定，法官在评判证据材料的证据能力时几乎没有自由判断的空间。而裁量主义则相反，法律没有明确

① 孙远．刑事证据能力导论［M］．北京：人民法院出版社，2007：137.

规定何种情况之下证据资料能采纳，而是由法官根据案件具体情况来决定。当然，法定主义与裁量主义的划分具有相对性：一方面，世界上没有完全相同的两片树叶，任何一个具体案件的处理都需要法官依据法律规定结合案情作出判断，在判断证据能力有无过程中，完全排除裁量是不可能的；另一方面，自由裁量也并非信马由缰，对于证据能力的判断必须依据法律规定或认可的证据规则来进行。因此，当我们说某一国家在证据能力判断上是法定主义或裁量主义时，仅表明该国在这一过程中法定或裁量的因素多一些，而非完全排斥另外一种因素。

1. 法定主义模式

有一种观点认为，传统英美法系国家和地区侧重于采用法定主义的方式来确定证据的证据能力，通过严格对照制定或创制客观的、明示的法律规则，来决定证据能力是否适格，不允许事实裁判者自由评判证据能力。通过放弃弹性和灵活性来追求案件事实认定的客观性、稳定性。[①] 如果仅从证据规则的法定化程度来考察，同传统的大陆法系国家德国和法国相比，英国和美国都有大量的法定证据规则来对证据能力问题进行调整，形成了法定证据规则和判例规则并驾齐驱、各有侧重的调整方式。例如，英国在《1984 年警察与刑事证据法》《1999 年少年审判与刑事证据法》《1999 年警察与刑事证据法》等法律规定中均有大量关于证据能力的法律规范。而美国则在《联邦证据规则》中对证据能力问题进行了较为集中系统的规范。在内容上，英美两国证据法典中关于证据能力的规范，以与证据关联性和客观性相关的内容为主，传闻规则、意见规则、最佳证据规则等大多出现在证据法典之中。对于非法证据排除规则，则大多由法官根据具体案例创制并在司法实践中不断发展完善。

---

① 郭志媛．刑事证据可采性研究［M］．北京：中国人民公安大学出版社，2003：88.

（1）英美国家采用法定主义排除模式的原因。在英美国家，法律适用者和事实认定者在主体上分离，案件事实由不熟悉法律的非专业人员——陪审团来负责裁判，同专业的法官相比，陪审团成员在法律知识、专业素养上存在较大的差距，为了其防止非专业事实裁判者接触不适当的证据，进而影响事实认定的可靠性。英美法系国家和地区通过制定一系列的证据规则，对控辩双方提交证据材料的法庭准入资格提出了较为详细的要求，这种要求在以确保证据客观真实为目的的证据规则中，表现得尤为明显。正如我国台湾学者陈朴生所言，“鉴于陪审员对于证据之评价不熟悉，自应由经验丰富的裁判官加以说示，而其说示又不能无一定之标准，乃设有排除规则限制无关联之证据、偏颇之证言、虚伪之证言或足致陪审员因本身之感情与同情之偏见、易发生错误之证据提出于法庭，使陪审员仅得凭其合理性且富有安全性证明力之证据而为合理之判断”①。此外，在对抗制诉讼模式之下，法官（包括陪审员）在诉讼中以消极仲裁者的方式出现，案件事实通过控辩双方积极的举证和质证来查明，事实裁判者不能主动接触或询问证人，通过证据规则对双方提交给法庭的证据加以规范，将一些虚假可能性较大的证据排除在外，可以在一定程度上弥补陪审员认识手段和认识能力的不足。基于上述原因，英美法系国家和地区与证据客观性相关的证据规则数量多、要求细，比较繁杂。

（2）法定主义排除模式的缺陷及克服。一方面，法定主义排除对立法者提出了极高的要求，它要求立法者要尽可能将排除证据资料的情形具体、明确地在法律中予以规定；另一方面，法定主义排除要求司法者在符合法律规定的条件时，需不假思索地予以排除。法定主义模式对于提升法律适用的统一性和提升法律适用的效率具有积极意义。此外，法定主义模式可以提升规则适用

① 陈朴生．刑事证据法［M］．台湾：三民书局，1980：20.

的预见性，并防止法官在证据采纳问题上的任意专断。但同时，我们也应看到，法律具有滞后性，面对纷繁复杂的社会生活，基于立法者认识能力的有限性，法律不能也没有必要事无巨细地予以规定，尤其是面对司法实践中最为复杂和琐碎的事实认定问题时，完全用确定的规则来解决是不可能的。在事实认定过程中，“如果让法官在一开始就对‘事实’与‘意见’做出区分，恐怕没有任何两个法官经过独立的判断会得出完全一致的结论。当然，许多问题重复发生，已经被区分为‘事实’与‘意见’。但是在这个不断变化的社会，将会出现更多新的证人证言需要法官进行判断和区分。因此，正常理性要求赋予法官更大自由裁量权，至少可以对‘事实’与‘意见’加以区分，而且也需要授予其批准甚至是意见证据的权力。”① 在采纳与排除证据过程中，完全取消法官的自由裁量权是不可能的。在这方面，就连堪称法定主义代表的美国也不例外。如美国《联邦证据规则》第 105 条、第 403 条均不同程度地确立了法官可以对证据的可采性和相关性问题进行自由裁量。还需要注意的是，在英美法系国家和地区当事人具有选择证据规则适用的权利，如果当事人双方一致同意则可以排除某些证据规则的适用，此时，证据规则的强制性便无从谈起。因此，我们只能说英美法系在证据采纳与排除问题上，法定主义排除的因素更多一些，却不能说英美法系奉行的是绝对的法定主义排除。

（3）法定主义模式与强制排除。强制排除与相对排除（自由裁量）是根据法官在具体运用证据规则时是否拥有自由裁量权而所作的一种划分。如果说法定主义与裁量主义是从宏观上对证据排除模式的一种考察，那么强制排除与相对排除则是从微观上对法官具体运用证据规则时的一种界定。强制排除与相对排除能够

① 【美】约翰·W. 斯特龙. 麦考密克论证据［M］. 汤维建，等译. 北京：中国政法大学出版社，2004：27.

在一定程度上反映法定主义与裁量主义的区别，但法定主义与强制排除，裁量主义与相对排除并非一一对应。因为，法定主义或裁量主义是从总体上对证据规则的界定，具体到某一类证据规则，可能会存在本属于法定主义排除模式的国家却赋予法官自由裁量权的情况。例如，美国《联邦证据规则》第609条（b）规定："……如果证人诚信与否存在争议，就下列问题对证人进行交叉询问时，根据法官的自由裁量，可以对证据进行调查：……"当然，也会存在属于裁量主义排除模式的国家却对某些证据作出强制排除规定的情况。例如，德国《刑事诉讼法》第136条a规定："……对违反这些禁令所获得的陈述，即使被指控人同意，也不允许适用。"

对于何种类型的不合格证据实行强制排除，各国的规定并不完全相同，但在强制排除通过刑讯逼供获取的口供问题上，各国的立场较为一致。按照《禁止酷刑公约》第15条规定，每一缔约国均应确保在任何诉讼程序中，不得援引任何业经确定系以酷刑得到的口供为证据。美国在1936年的Brown v. Mississippi一案中明确表明，州法院以暴力逼供作出的供述作出有罪判决违背了宪法第4修正案保护被告正当程序的基本权利。[①] 英国《1984年警察与刑事证据法》第76条第2款a，日本《宪法》第38条，德国《刑事诉讼法》136条a都规定了强制排除非法口供。法国在1808年的《重罪法典》中也明确废除了刑讯和强加于被追诉人的宣誓。在排除其他不合格证据方面，各国往往会根据自己的诉讼文化传统和价值考量作出取舍。例如，虽同属英美法系，但在对待非法实物证据的问题上，美国实行的是强制排除，而英国实行的是自由裁量排除。总的来看，不加区分地一律排除不合格证据的做法是十分罕见的，即便是被公认为强制排除规则适用范围最为广泛和严格的美国，也确立了诸多证据排除的例外，以避

① Brown v. Mississippi，297U. S，(1936).

免排除规则的宽泛适用从根本上撼动刑事诉讼查明案件事实的基本目的。如果承认证据规则的首要功能是确保证据的客观真实，以帮助裁判者准确查明案件事实，那么强制排除具有证明价值的不合格证据就会遇到阻力，尤其是当不合格证据的取得尚未严重侵犯被取证人权利的时候。

2. 裁量主义模式

相对而言，对于证据能力问题，大陆法系国家和地区传统上倾向于采用自由裁量主义方式加以处理，但证据取舍的标准及决定的程序也是受法定规则制约的。大陆法上的程序禁止本来就有绝对禁止与相对禁止之分，唯有绝对禁止才采用法定主义方式，而相对禁止则要诉诸法官的裁量，并且通过诉讼程序规制法官的自由裁量。① 如在德国，一般通过“证据使用之禁止”规则来处理证据能力问题。法官在适用该规则过程中，既可以依据德国《刑事诉讼法》的相关规定，以证据违反“证据取得之禁止”为由排除证据，也可以依据德国联邦宪法法院和德国最高法院依据基本法的权利保障条款作出的判例来对证据能力问题进行评判，在证据资格评判的问题上享有较大的自由。“与许多英美法系国家的证据排除规则相比，大陆法系仍然存在着一个明显的差异，即其对非法证据的排除很少具有强制性。在决定是否排除的时候，大陆法系的法官会考察采纳被玷污的该证据是否会给司法带来不好的名声，或者会在非法证据的负面影响与打击犯罪的社会利益间进行权衡。当法官遇到虽然违法但具有可信性的证据时，反对排除该证据的一个有力理由便是：禁止使用该证据是对事实认定者自由评价证据权力的干涉。”②

---

① 郭志媛．刑事证据可采性研究［M］．北京：中国人民公安大学出版社，2003：88-89.

② 【美】米尔建·R. 达马斯卡．漂移的证据法［M］．李学军，等译．北京：中国政法大学出版社，2003：32.

（1）裁量主义的利弊。裁量主义最突出的优点就是灵活，法官能够根据案件的具体情况作出最符合公平正义要求的处理，克服类型化所带来的僵化；而裁量主义的缺陷也与其优点密切相关，那就是因灵活而带来的不确定性和随意性，以及由此可能引发的法官裁量权的滥用。裁量主义模式对法官素质能力和职业道德都提出了很高的要求。在法官行使自由裁量权过程中，“法律的精神可能会取决于一个法官的逻辑是好还是坏；取决于他对法律的消化是贯通还是不良；取决于他感情的冲动；取决于受难者的软弱程度；取决于法官与被害人之间的关系；取决于人们被动的心中改变着事物面目的一切细微的力量。”[①] 大陆法系国家和地区之所以倾向于采取裁量主义处理证据能力问题，一方面是为克服法定证据制度的僵化，另一方面是基于对职业法官的信任。与英美法系不同，在大陆法系国家和地区，事实裁判者是职业法官，在法律专业知识和对于证据规则的把握上，相对于陪审员具有明显的优势。尽管大陆法系国家和地区的法官同样会受到某些不可靠证据的影响，但由于其自身的免疫力比对事实裁判毫无经验的陪审员要高，故在证据能力问题上赋予了法官更多的自由裁量权。此外，在职权主义诉讼模式下，大陆法系国家和地区的法官在法庭上较为主动，为查明案件事实，法官不仅可以向证人以及双方当事人发问，而且还可以就专业性问题听取自己聘请的专家的意见。法官自身素质和法律所赋予的查明案件事实的手段可以在很大程度上保障其认定事实的准确性，故不需要像英美法系国家和地区那样，制定详细的证据能力规则，来排除“不良信息”的影响。

（2）裁量主义的边界。为了使证据规则能够适应社会生活的需要，就必须使规则保持必要的弹性，为法官自由裁量保有空

① 【意】贝卡利亚．论犯罪与刑罚［M］．黄风，译．北京：中国大百科全书出版社，1993：18.

间，但自由裁量不是随意裁量，更不是恶意裁量，其在行使过程中也应受到必要的限制与规范。“自由裁量权恰如面包圈中的那个洞，如果没有周围一圈的限制，它只是一片空白，本身就不会存在，所以，它是一个相对的概念。”① 尽管大陆法系国家和地区的法官在决定是否采纳或排除证据的过程中，拥有较大的自由裁量权，但这种裁量权同时也会受到法律规范、判例以及上级法院的审查等因素的约束与监督。其中，法律的规定或授权是法官自由裁量权的前提。自由裁量权的行使须在刑事诉讼法规定的范围内，依据法定的程序进行。法国、德国和日本均没有独立的证据法，但这并不意味着完全没有法律规范对证据的采纳与排除问题进行规范。在这些国家，关于证据能力的规则，要么作为刑事诉讼法的一个章节出现在刑事诉讼法典中，要么由法院在具体案件中援引宪法性法律规定作出具体判决，并以判例的形式存在于司法实践之中。有一种观点认为，“大陆法系虽然也有判例，但判例并不是证据规则的必要组成部分”②。但无论是德国证据使用禁止规则，还是法国的合法性规则，抑或是日本自白规则，无不与判例相关，案例在这些国家的证据能力规则中具有很重要的地位和作用，如果将判例抽去，将会使这些国家的证据能力规则发生严重的动摇。例如，在德国威玛市，就法庭可以依据何种理由拒绝采纳刑事审判开庭以后提出的证据这一证据法问题，有学者找到了 1200 多个判例。③ 如果仅仅从立法中去寻找上述国家关于证据能力的规范，其数量自然是十分有限的，“但是，当大陆法系的证据法也包括判例时，情况就会发生变化，因为在许多大陆法

---

① 【美】罗纳德·德沃金．认真对待权利［M］．信春鹰，吴玉章，译．北京：中国大百科全书出版社，1998：51-52.

② 葛玲．论刑事证据排除［M］．中国人民公安大学出版社，2011：65.

③ 【美】米尔建·R. 达马斯卡．漂移的证据法［M］．李学军，等译．北京：中国政法大学出版社，2003：11.

系国家，上诉法院有关证据问题的判决数量也是非常之多的。”[①] 从内容上看，大陆法系国家和地区关于证据关联性和客观性的要求，多以程序规范的形式体现在刑事诉讼法中，而诸如非法证据排除等涉及价值考量的证据能力规则多由法院通过判例确立。

（3）裁量的依据、标准和方法。裁量的依据解决的是自由裁量权的来源问题。法律的明确规定是自由裁量权最常见的取得方式，此外，法官还可能基于司法习惯、判例等途径而获得自由裁量权。有一种观点认为，从美国《联邦证据规则》《1999 年统一证据规则》等相关证据规定体现出来的证据法的功能主要包括确定事实真相，确保司法公正，降低诉讼成本，提高司法效率四个方面。[②] 笔者关于证据规则功能的界定为探寻裁量排除或采纳证据资料提供了参考，当然，四者之间也并非泾渭分明，也存在交叉和相互影响。证据与待证事实是否关联，本身是否客观真实与能否查明案件事实直接相关，同时，司法公正的实现很大程度上依赖于案件事实的准确认定。有时，查明案件事实与司法公正之间也会存在矛盾，对于非法口供，即便是真实的，也会被排除。因为司法公正既包括实体公正，也包括程序公正。一般认为，英美法系更强调程序公正，因而对于证据收集的正当性格外关注，即便证据的真实可靠性无任何问题，但如果证据的收集程序或手段不符合程序正义的要求，则需要排除。刑事诉讼的目的与其说是查明事实真相，不如说是公正地解决纠纷。[③] 此外，“迟来的正义非正义”，诉讼效率、司法成本也是作出是否排除证据时所应考虑的因素。鉴于在决定是否排除证据过程中，法官所应考虑的

① 【美】米尔建·R. 达马斯卡．漂移的证据法［M］．李学军，等译．北京：中国政法大学出版社，2003：11.

② 何家弘．短缺证据与模糊事实［M］．北京：法律出版社，2012：101.

③ 【美】达马斯卡．比较法视野中的证据制度［M］．吴宏耀，魏晓娜，等译．北京：中国人民公安大学出版社，2006：58.

因素较多，不可避免地会涉及不同利益的取舍问题，利益衡量就成为最常用，也是最重要的裁量方法。在决定采纳与排除证据时考虑的因素通常包括违法的程度、状况、是否存在故意、是否经常违法、违法行为与证据之间的因果关系、证据的重要性、案件的严重性等，要恰当地作出判断，就应首先对上述因素进行识别和归类，在此基础上进行价值判断和取舍。总的来看，主要围绕两点来进行：一是对查明案件事实准确性的影响；二是对查明案件事实正当性的影响。其中，是否有助于查明案件事实真相是关键。如果一个证据被证明是虚假的、不可靠的，那么就应否定其证据资格。此外，在采纳或排除证据时，即便存在利益冲突（如非法口供），但相关立法或判例已经明确规定的，则无裁量的必要。只有当证据具有较强的客观性（从形式上看）而正当性又存在缺陷且证据规则对此没有明确规定时，才会涉及裁量的问题。

3. 法定主义或裁量主义

通过上述分析可以发现，法定主义与裁量主义各有优缺点，因此，无论大陆法系抑或英美法系都没有绝对采取某一模式，无论哪一种模式主导，都需要另外一种模式作为补充，共同发挥作用。那么，法定主义和裁量主义，何种模式更具魅力呢？谁将引领未来呢？作为提升事实认定准确性和正当性的手段，证据规则在具体运行过程中受制并最终服务于规则设置的目的，只有最大限度地符合上述两项要求的证据排除模式，才能获得持久的生命力。

（1）从裁量主义到法定主义。从目前来看，英美法系国家和地区的证据规则数量较多，而且法典化的程度也最高，似乎居于强势地位。但如果仔细考察就会发现两个有趣的现象：一是从来源上看，这些规则大多是对司法判例的总结，源于司法审判实践的总结、提炼与升华；二是这些规则主要是针对证据的真实可靠性，是为陪审团模式服务的，旨在保障陪审团审判的准确性。如果我们仅从证据能力规则的起源去预测证据采纳与排除的未来模式，就有可能得出由裁量到法定是确立刑事证据能力规范的必然趋势这一结论。的确，大陆法系国家和地区在“二战”后引入非法证据排除规则也是从司法实践中的个案裁量开始的，而且有些规则现在已经成为成文法的重要组成部分。但问题在于，大陆法系的职业法官是否愿意接受这种“束缚手脚”的规则约束？至少在关于证据客观真实性的规则方面会遇到阻力，而且是非常大的阻力。因为，大陆法系国家和地区负有积极发现案件事实真相的义务，需要全面了解各种与案件待证事实有关的信息，如果法律事先明确规定排除某一类证据，会被认为是对他们认定案件事实的干涉。还需要注意的是，非法证据排除规则作为对证据的外在限制，是证据规则中最“与时俱进”的部分，完全法定化也是不科学的，在这方面，就连证据规则法定化程度最高的美国其非法证据排除规则也是通过判例来形成并发展起来的，且未规定在《联邦证据规则》中。这说明，尽管从无到有、从不明确到明确是证据规则发展的基本方向，但基于证据规则功能的不同和不同国家事实认定模式的差异，法定主义模式在具体运用过程中具有相对性，彻彻底底奉行法定主义模式就连在英美法系也是不现实的。

（2）法定主义加裁量主义。证据能力规范的产生和发展离不开裁量，从英美法系证据规则的形成看，判例的产生本身就是法官行使自由裁量权的结果。在某种意义上，没有自由裁量，就没有判例，也就没有证据规则。但完全的裁量却不是证据能力规则的发展方向，从证据能力规则诞生之日起，对事实认定者进行一定程度的限制就是其应有之义。因此，相对自由的裁量，在法定主义内的裁量或许是未来。这主要是基于认定事实的普遍性与差异性。在普遍性方面，无论是大陆法系，还是英美法系，根据逻辑和经验，排除那些不可靠的证据，进而保障案件事实认定的准确性，是设立大部分证据规则的主要初衷。此外，基于人权保障等外在价值需求，对查明案件事实的过程进行一定的限制，排除那些违反刑事政策收集的证据也在两大法系获得了认同。在差异性方面，案件事实的繁杂性和不确定性决定了证据规则不可能对证据的取舍事先作出精确的规定，需要留有必要的弹性空间，以方便裁判者根据具体情况决断。此外，不同事实认定模式，对于规则确定性的需求和方式也是不一样的。以大陆法系国家和地区关于证据可靠性的规定为例，一般认为，大陆法系国家和地区的事实认定由专业法官负责，专业法官抵御错误信息的能力要普遍高于非专业裁判者，因此对于证据能力规则的需求不高。实际上，大陆法系国家和地区对于证据客观真实性的关注并不亚于英美法系，只不过是采取了不同的道路罢了。大陆法系国家和地区习惯于通过程序对证据资格进行规范，如按照法国《刑事诉讼法典》第 121 条规定，讯问受审查人的笔录，按照证人证言的笔录相同格式制作。受审查人应当受要求亲自阅读其所作的声明，并且应当签字。不按规定签字的笔录视为不成立。在上述规定中，法律调整讯问受审查人笔录的核心，在于通过一系列的程序规范，确保讯问笔录的取得合法有效、真实可信，而非直接规定某种形式的讯问笔录不能作为证据使用。这说明，“大陆法系国家的法律也没有忽视由于单个证据不可靠有可能给事实审理者造成的不良影响，只不过采取的应对措施不是排除这些证据，而是从程序上对这类证据的使用加以规范或限制，法律虽然认为原始证据比传来证据更为可信，却不否认传来证据具有可采性，但是如果传来证据与原始证据在内容上有抵触，而法官却采用了传来证据，他就必须在判决中记载这样做的理由，当上级法院认为这一理由不成立时，可以撤销一审判决。”[①] 因此，采取法定主义的处理模式对普遍性的处理证据方法作出相对明确的规定是可能的。但一方面需要根据各自审判模式作出相应调整；另一方面需要为自由裁量留有空间。

---

① 纪格非．证据能力论——以民事诉讼为视角的研究［M］．北京：中国人民公安大学出版社，2005：164.

第四章 审查处理“问题证据”的现状分析

在处理“问题证据”过程中，我们有没有处理“问题证据”的规则？我们需要什么样的证据规则？有没有与规则相适应的配套程序？它们运行得怎么样？这些规则与程序同我国的诉讼模式、价值、文化是否相适应等都是绕不开的话题，如果这些问题能够得到圆满的解答，或许如何处理“问题证据”将不再是问题。

一、审查处理“问题证据”的规则及程序

在“问题证据”的处理上，《两个证据规定》的颁布实施是一个分水岭。尽管从实际效果看，《两个证据规定》的功能似乎还未完全发挥，但《两个证据规定》在理论上和推动立法上的作用却是巨大的。从长远看，对于司法实践的影响也是深远的，因为正是从《两个证据规定》的颁布开始，在证据采纳与排除问题上无“法”可依、无规可循的局面得以改变，我国的证据规则体系得以初步确立。目前，我国有关“问题证据”处理的规定也正是以《两个证据规定》为基础确立的。因此，本书关于“问题证据”处理现状的研究也以《两个证据规定》颁布实施为起点。

（一）审查判断“问题证据”的相关规则

通过借鉴国外的相关证据规则和对司法实践中的经验进行总

结，我国已经建立了一些与英美法系国家相类似的证据规则。如果仅从数量上看，我国关于处理“问题证据”的法律规范已经初具规模，仅就制定法层面而言，如果包含司法解释，证据规则的数量似乎并不逊色于大多数大陆法系国家。我国在努力构建证据能力规则的同时，作为传统的大陆法系国家，坚持从证据的收集、固定程序入手对侦查机关收集证据的行为进行规范的努力也始终未曾中断。目前，已经初步建立的证据规则主要包括以下几条：

1. 非法证据排除规则

非法证据适用非法证据排除规则处理。非法证据排除规则是典型的基于社会政策考虑而设立的排除规则。《刑事诉讼法》第56条规定了两种处理非法证据的模式，即对非法言词证据适用强制排除，而对实物证据采取的是补救不能排除。强制排除，即非法言词证据一经确认就排除适用，不给予任何补救的机会。补救不能的排除，即指非法实物证据只有经过补救仍不能消除其影响后，才将其排除在诉讼证据之外。这种排除同自由裁量排除存在差别，自由裁量排除是对证据现状进行整体评估后作出是否排除的决定，而补救不能的排除则是先进行补救，之后才决定是否排除，在自由裁量排除之前加入了一个必经的补救程序，法官在是否排除非法实物证据的问题上并没有完全的自由。非法实物证据只有同时符合“收集不符合法定程序”“严重影响司法公正”“不能补正或者作出合理解释”三个层层递进的条件才会排除，条件非常严苛，有以排除之名行不排除之实的嫌疑。这实际上反映出立法者对于排除非法实物证据的犹豫态度，令人对我国是否已经真正建立了非法实物证据排除规则产生怀疑。

纵观世界各主要国家的非法证据排除，无论采取何种排除模式，是否排除非法证据均主要以基本权利是否受到侵犯为主要标准，被取证人基本人权之保障，乃是决定是否排除的首要因素，而不是非法证据本身是否可靠以及该证据资源是否有限。在这个意义上，我国将是否“严重影响司法公正”作为排除非法实物证据的主要判断因素，与非法证据排除规则设立的宗旨并不完全吻合。因为“司法公正”包含多方面的含义，既可以是实体公正，也可以是程序公正。从实体公正角度看，有时排除非法证据恰恰是对这一目标的妨碍，如此则非法实物证据更是难以排除。所以，“是否影响司法公正”的提法似乎并不科学，而应是“是否严重侵害了被取证人的基本权利”。

2. 瑕疵证据补救规则

《两个证据规定》首次在我国司法解释层面确立了瑕疵证据补救规则，但这种规则却并非我国首创。德国证据法理论和实践中也存在着类似的做法，如在德国司法实践中，如果侦查法官忘记告知被告人的配偶具有免证特权，审判法庭可以告知这一内容，之后再从被告人的配偶处获得可以采纳的陈述；法院甚至认为，在证人被告知其权利后如果征得其同意，在上述情形下可以提交先前的陈述。[①] 但以法律规范的形式明确规定将补救及补救的结果作为肯定或否定某一类证据资格的前置程序和条件，视补救情况来决定存在缺陷证据材料的证据能力的做法似乎并不多见。

（1）瑕疵证据补救方法。《两个证据规定》和《〈刑事诉讼法〉解释》关于瑕疵证据的规定先后使用了“补正”“说明”和“合理解释”三个术语，但鉴于“说明”与“合理解释”基本同义，因此对瑕疵证据进行补救的手段主要包括补正和合理解释两种方式。从《两个证据规定》的内容看，所谓“补正”，即对瑕疵证据进行补充、纠正，也就是对瑕疵证据的“缺陷”进行某种

① 【德】托马斯·魏特根．德国刑事诉讼程序［M］．岳礼玲，温小洁，译．北京：中国政法大学出版社，2003：200-201.

有针对性的“修补”，以“挽救”该证据。[①] 补正针对的证据瑕疵通常非常轻微，直接在原证据上进行技术性的更正即可，如对笔录错漏字的更正。所谓“合理解释”，即通过对证据产生瑕疵的原因进行分析、阐释，排除其为非法取得或不真实的可能。[②] 相对而言，合理解释所针对的证据瑕疵较为严重，需要侦查人员对产生瑕疵的前因后果和来龙去脉进行详细说明，以消除审判人员的疑虑。一般来说，允许通过补正或合理解释治愈证据瑕疵的证据，违法情节轻微，并未侵犯公民的宪法性权利，更多的是技术性的违法，在刑事法政策上具有可容性。但我们也应看到，在某些情形下，看似非常严重的违法取证行为却可以通过合理解释而被接受。如侦查人员虽未经批准却实施了搜查和扣押行为，如果能够证明此种非法行为是在紧急情况下实施的，则可以通过解释被合理接受。又如，在实践中也曾有案发在深夜，找不到见证人的情况，在此情形之下，即使没有见证人，只要侦查人员能对上述情况进行解释说明，笔录也是可以接受的。

（2）瑕疵证据补救顺序。补正与合理解释在具体运用过程中有顺序上的要求，对于能够补正的，应当首先进行补正，只有对于客观条件限制而无法作出补正的，才可以作出合理解释。[③] 从《两个证据规定》的内容看，补正主要适用于程序活动中疏忽、遗忘某些内容致使证据要素不全的情况，或者证据的形式或内容出现某种错误（如笔录中的笔误）而可能弥补的情况。[④] 如“收

---

① 万毅．论瑕疵证据——以“两个《证据规定》”为分析对象［J］．法商研究，2011（5）：10.

② 万毅．论瑕疵证据——以“两个《证据规定》”为分析对象［J］．法商研究，2011（5）：10.

③ 张军．刑事证据规则理解与适用［M］．北京：法律出版社，2010：122.

④ 龙宗智．两个证据规定的规范与执行若干问题研究［J］．中国法学，2010（6）：26.

集调取物证照片、录像或者复制品，书证的副本、复制件未注明与原件核对无异，无复制时间、无被收集、调取人（单位）签名（盖章）的”，可以要求相关人员按照当时实际情况进行补正。补正主要适用于那些缺陷有补救可能的证据。如果证据无法重新收集的，则只能由公诉方作出合理解释，以说明当初的程序违法是善意的、不属于伪证的情况，不会导致证据虚假的效果，没有对公民的宪法性权利造成侵害，不会对审判公正产生重大影响。

（3）瑕疵证据补救要求。一是必须符合真实性的要求。无论补正还是合理解释都必须以真实性为原则，不能制造假证。禁止“倒签时间”“强凑合法性条件”“无中生有地增加侦查人员与见证人”等弄虚作假的行为。二是解释要具有针对性和充分性。提出的理由确实可以解释证据瑕疵的形成，在事实基础上进行的分析要合乎情理；解释的理由要充分，要能说服法官和当事人。理由和证据瑕疵之间存在关联，理由的存在足以使法庭忽略已出现的瑕疵。例如，为制止犯罪、缉拿罪犯等紧急情况下实施的法律手续不全的搜查行为，即可成为合理的理由。三是要符合证据能力规范的一般要求。瑕疵证据本质上是违法证据，只有经过补正或解释，满足证据能力规范要求的，才能作为定案的依据。如果经过补正和解释，仍不能达到证据能力规范要求的，则不能作为证据使用。

3. 排除缺失性证据规则

从《两个证据规定》《刑事诉讼法》及《〈刑事诉讼法〉解释》的规定看，为确保证据的客观真实以及案件事实认定的准确，除了非法证据排除规则、瑕疵证据补救规则以外，我国还确立了意见证据规则、原证原物优先规则、有限的直接言词规则等。从法律规范的个别条文中，还能依稀看到特权免证（《刑事诉讼法》第193条第1款）、关联性规则（《〈刑事诉讼法〉解释》第85条）等的影子。此外，司法解释还明确了对于明显违反法律和有关规定取得的证据，不能作为定案的根据，应当予以排除。总的来看，在消除不可靠证据对认定案件事实影响的问题上，我国采取的是大陆法系的程序规范加英美法系的规则排除相结合的混合模式。

（1）有限的关联性规则。按照《死刑案件证据规定》《〈刑事诉讼法〉解释》及《法庭调查规程（试行）》的相关规定，在审查和认定证据过程中，法官应当审查物证、书证，鉴定意见，勘验、检查笔录、视听资料和电子数据的关联性，并明确规定“证据与案件待证事实无关联的不能作为定案的根据”。从司法实践看，无论是前述司法解释中明确规定的实物类证据，还是证人证言、被害人陈述、被告人供述等言词类证据，只要与案件事实无关联，该证据便不能被采纳已成共识，在刑事判决书中频频出现的“某某证据因与本案无关联不予采纳”便是例证。但重视证据的关联性和确立证据关联性规则并不能等同。一方面，关联性规则的确立意味着关联性是所有证据材料取得诉讼证据资格的前提和基础，因此，关联性具有审查上的优先性，只要不具有关联性，证据材料将会被排除在外；另一方面，关联性规则还要排除一些看似关联，实则有可能对案件事实认定产生不良影响的证据（如品格证据）。从我国司法解释的规定看，证据关联性和真实性以及合法性在审查顺序上并无明确要求，而诸如被告人的前科劣迹等证据不仅作为证据使用，而且出现在起诉书之中，因此，我国并没有确立英美法系国家意义上的关联性规则，只能说出现了类似的规定。

（2）原始证据优先规则。按照《〈刑事诉讼法〉解释》第70条、第71条的规定，据以定案的物证应当是原物，只有在原物不便搬运，不易保存，依法应当由有关部门保管、处理，或者依法应当返还的，可以拍摄、制作足以反映原物外形和特征的照片、录像、复制品；据以定案的书证应当是原件，取得原件确有困难的，可以使用副本、复制件。[1] 此外，按照该司法解释第 92 条、第 93 条的规定，视听资料是否为原件，电子数据的原始存储介质是否移送也是法官应当重点审查的内容。上述对于原证原物的要求比英美法系仅针对书证提出的最佳证据规则范围要广泛，体现了尽可能收集原始证据，确保收集证据客观真实的思路。

（3）意见证据规则。按照《〈刑事诉讼法〉解释》第 75 条第 2 款的规定，证人的猜测性、评论性、推断性的证言，不得作为证据使用，但根据一般生活经验判断符合事实的除外。该规定在原则上排除一般意见的同时，规定了可以作为证据使用的例外，尽管“根据一般生活经验判断符合事实”是一个模糊的例外，难以量化，但从体例上看与英美法系国家关于意见证据规则的规定方式是相同的。需要注意的是，国外的意见证据规则，包括普通人的意见证据规则和专家意见规则，专家意见规则作为意见证据规则的例外存在。在我国，鉴定人是法定的诉讼参与人之一，鉴定意见作为一种独立的证据种类存在，并不附属于证人证言，因此它同英美法系的专家证人存在一定的差别。令人欣喜的是，《两个证据规定》和《〈刑事诉讼法〉解释》对于鉴定意见的采纳规定了比以往更严格的标准，特别是 2012 年《刑事诉讼法》修改后将“鉴定结论”改为“鉴定意见”，结束了以往鉴定结论不可撼动的权威，还原了鉴定意见作为专家证言的本质。

（4）有限的直接言词规则。按照《刑事诉讼法》第 192 条第 1 款的规定，公诉人、当事人或者辩护人、诉讼代理人对证人证言有异议，且该证人对案件定罪量刑有重大影响，人民法院认为证人有必要出庭作证的，证人应当出庭作证。“两高三部”《以审判为中心的意见》对完善证人、鉴定人出庭质证提出了更明确、

---

① 《法庭调查规程（试行）》第 33 条的规定同司法解释的规定类似。

更细致和更完善的要求。最高人民法院《以审判为中心的实施意见》和《法庭调查规程（试行）》中都较为细致地对此予以了规定。目前，相关法律法规一方面就证人、鉴定人出庭进行明确和细化，规定或完善了强制证人出庭、保障证人及其家属安全、出庭补偿等制度，以解决证人不敢出庭、不愿出庭问题；另一方面规定了关键证人强制出庭作证制度和证人没有正当理由拒绝出庭或者出庭后拒绝作证的证人证言的有限采用制度。从正反两个方面入手强化关键证人出庭，从程序上保障诉讼当事人的质证权，从实体上保障案件事实的准确认定。

（二）审查处理“问题证据”的程序及模式

1. 排除非法证据的程序

2011 年《排除非法证据规定》初步确立了我国的非法证据排除程序。2012 年《〈刑事诉讼法〉解释》在总结司法实践经验的基础上，对非法证据申请的提出时间、审查阶段等进行了明确和完善。2017 年《排除非法证据规程》吸收了以诉讼为中心的司法体制改革相关成果，强化了在排除非法证据问题上公检法三机关的前后衔接把关、庭前会议与非法证据排除程序的衔接，细化了非法证据审查的方式步骤，确立了较为完备的、具有中国特色的非法证据排除程序。

（1）启动非法证据排除程序的条件。《刑事诉讼法》第 58 条规定：“法庭审理过程中，审判人员认为可能存在本法第五十六条规定的以非法方法收集证据情形的，应当对证据收集的合法性进行法庭调查。当事人及其辩护人、诉讼代理人有权申请人民法院对以非法方法收集的证据依法予以排除。申请排除以非法方法收集的证据的，应当提供相关线索或者材料。”按照该条规定，在法院审判阶段，启动非法证据排除程序有两种模式：一种是法官依职权主动启动；另一种是申请启动。申请启动非法证据排除程序应满足以下条件：

一是合法主体申请。按照《刑事诉讼法》第58条及《〈刑事诉讼法〉解释》第96条的规定，有权申请启动非法证据排除程序的是当事人及其辩护人、诉讼代理人。按照《刑事诉讼法》第108条的规定，“当事人”是指被害人、自诉人、犯罪嫌疑人、被告人、附带民事诉讼的原告人和被告人。照此规定，则意味着证人和公诉机关在法院审理阶段均不能申请排除非法证据。这种规定与2010年《排除非法证据规定》第13条有所差别，取消了关于公诉机关在法庭审理中也能提出非法证据排除申请的内容。支持者认为，“考虑到确立非法言词证据排除规则的另一项重要功能就在于查明案件真相，正确认定事实，因此检察人员如果认为辩护方提供的证人证言、被害人陈述是非法取得的，也可以提出申请。”[①] 笔者认为，考虑到非法证据排除规则的规制对象是行使公权力的国家机关及其工作人员，而非普通公民，“为权利救济而确立的‘程序性裁判’程序，只能由那些被侵权者提起”[②]，不能扩大适用。《〈刑事诉讼法〉解释》及后续的法律规范未再规定公诉机关的申请权是合理的。一方面，公诉机关在审查起诉阶段负有主动排除非法证据的职责，因此，如果其具有排除非法证据的条件和意愿，那么非法证据将不会进入法庭；另一方面，如果公诉机关在法院审理阶段发现可能存在非法证据的，完全可以主动不出示相关证据，而不必舍近求远。需要注意的是，证人作为刑讯逼供可能的侵害对象也未被赋予申请排除证据的权利，究其原因可能是因为证人既不是控方，也不是辩方，排除或采纳非法证据并不会使其直接受益，因此无启动程序的现实动力和需求。当然，对于证人是否应成为非法取证的对象本身就值得争论。

---

① 张军．刑事证据规则理解与适用［M］．北京：法律出版社，2010：340.

② 陈瑞华．审判之中的审判——程序性裁判之初步研究［J］．中外法学，2003（3）：26.

二是提供“相关线索”或“材料”。鉴于被告人在刑事诉讼中一般处于被羁押状态，规定过于严格的启动标准恐不利于被告人权利的保障，因此，只要提供的线索达到使法官认为有可能存在刑讯逼供就可启动。按照《〈刑事诉讼法〉解释》第96条的规定，“相关线索”或“材料”是指涉嫌非法取证的人员、时间、地点、方式、内容等。《排除非法证据规程》第5条对“线索”和“材料”作了进一步的界定，所谓“线索”是指内容具体、指向明确的涉嫌非法取证的人员、时间、地点、方式等；“材料”是指能够反映非法取证的伤情照片、体检记录、医院病历、讯问笔录、讯问录音录像或者同监室人员的证言等。对被告人及其辩护人提出的非法证据排除申请，审判人员应当审查申请人对非法证据是否有指向性的、符合逻辑的陈述。一般来说，申请人对于遭受刑讯的方式、受到的伤害、时间阶段、地点、涉及人员等应有一个相对完整的陈述。如果申请人对于非法取证中上述关键情节不能做出较为详细的描述且又无法做出合理解释的，则申请的可信度就较低。

此外，法官还需结合申请者所提非法证据的客观性特征来进一步判断。非法证据的客观性特征可以按提供线索或材料的难易程度分为两类。第一类是容易提供线索的非法取证（如暴力型取证，此类取证方式一般会留下较为明显的痕迹）。鉴于此类非法取证的线索或材料较为容易收集和掌握，所以在启动调查时申请者承担的初步举证责任较大，即要求申请人提供较为明确的线索或材料，以防止申请人滥用权利，拖延诉讼。第二类是难以提供线索的非法取证（如采用饿、冻等方式取证的变相刑讯逼供）。鉴于此类非法取证具有难以留下线索的特征，如果要求申请人提供较为明确的线索或材料会使此类非法证据的排除变成不可能，对被告人来说有失公正。因此，法官在面对此类申请时，不应对申请人的初步举证责任要求过高，即有一定的线索或材料即可。

（2）申请排除非法证据的时间。《排除非法证据规定》对于提出非法证据排除的时间没有明确的限定，在法庭辩论结束前提出的，法院均应进行调查。对于被告人及其辩护人搞诉讼突袭，突然提出非法证据排除申请时如何处理也不明确，一定程度造成了非法证据排除申请的泛化，个别案件中出现了滥用非法证据排除申请权的情况，对于司法效率和司法权威造成了影响。《〈刑事诉讼法〉解释》对此予以了一定程度上的回应。按照该司法解释第97条、第100条第1款、第103条第1款第3项的规定，权利人在一审案件开庭前、案件审理中或案件审理结束后发现非法证据的，均可以提出非法证据排除的申请，对于在一审案件审理前就已经发现非法证据线索的，除非有正当理由，否则排除非法证据的申请应在一审开庭前提出。但对于应该在庭前提出而没有提出的，司法解释也没有规定相应的惩罚性措施。这种规定体现了司法机关在处理非法证据中的两难：一方面，希望尽一切可能排除非法证据，避免非法证据影响案件事实认定，因此允许权利人在开庭前或案件审理中均可提出与非法证据相关的线索；另一方面，出于审判效率的考虑，又对权利人滥用非法证据排除有所忌惮，因此对权利人排除非法证据的申请进行了适当的引导和规制。

有观点认为，对于当事人及其辩护人、诉讼代理人在开庭前即掌握相关线索或者材料，但其在开庭审理后才提出非法证据排除申请的，法庭可以不再对其合法性进行审查，但在审查和采信相关证据时应特别慎重。①《严格排除非法证据规定》和《排除非法证据规程》对于非法证据排除申请的时间作了严格限定，即原则上应当在开庭审理前提出，但在庭审期间发现相关线索或材料等情形除外。对于开庭前未提出排除申请，而在开庭审理中提出

① 江必新．最高人民法院关于适用中华人民共和国刑事诉讼法的解释理解与适用［M］．北京：中国法制出版社，2013：101.

的，应说明理由。这种规定符合审判效率和维护司法权威的需要，体现了保障人权与司法效率的平衡。一方面，权利的行使是有边界的，排除非法证据申请权的行使也必须符合善意和正当的要求，如果滥用排除非法证据申请，恶意拖延诉讼，就应受到制裁。另一方面，在目前的非法证据排除体系中，当事人的申请实际上只起到辅助的作用，不论当事人是否提出申请，法官均有主动审查的义务。需要注意的是，这种做法需要下述前提：一是法官要履行事先的告知程序并为其行使申请权提供必要的时间；二是有证据表明当事人及其辩护人、诉讼代理人确实在开庭审理前已经掌握；三是申请排除的证据可能被作为证据使用。

（3）证明责任及证明标准。一是证明责任由检察院承担。《排除非法证据规程》第6条第1款明确规定：“证据收集合法性的举证责任由人民检察院承担。”人民法院对证据的合法性进行调查时，如果人民检察院未能提供证据证明证据收集的合法性，或者提供的证据不能证明证据收集的合法性时，该证据将被排除。需要注意的是，在法院审理阶段，公安机关不直接承担证明证据合法的责任，但基于共同的追诉目标以及证据被认定为非法证据排除后可能带来的追责风险，对于检察机关协助举证的要求公安机关一般都会予以配合。有学者主张，“应当突破传统证据法学中的单一证明责任承担制度，确立共同责任制度，即证据合法性的证明责任由多方共同承担。检察机关、公安机关乃至有关知情人员都需要在证据合法性证明中承担责任，并建立相应的责任承担保障机制。”[①] 这种主张有将证据合法性证明与案件事实证明等同的嫌疑，与非法证据排除的人权保障及倒逼侦查机关提升证据收集能力水平的功能不符。在目前的制度框架下，检察机关可在审查起诉阶段加大审查力度，倒逼侦查机关提供证据证明证

① 彭海清．证据合法性证明与程序性证据法理论［J］．法学杂志，2018（12）：26.

据收集合法，在确定证据合法性没有问题后再起诉，而不是在法庭审理阶段让侦查机关分担证明责任。二是证明标准为排除合理怀疑。从《刑事诉讼法》《〈刑事诉讼法〉解释》《排除非法证据规定》《严格排除非法证据规定》《排除非法证据规程》的规定看，合理怀疑既是法院启动非法证据排除的程序判断标准，也是法庭决定非法证据排除与否的实体审查标准。法庭根据相关线索或者材料对证据收集的合法性有疑问，而人民检察院未提供证据或者提供的证据不能证明证据收集的合法性，不能排除存在以非法方法收集证据情形的，对有关证据应当予以排除。

（4）非法证据的审查。一是非法证据问题应主要通过庭前会议解决。《庭前会议规程》和《排除非法证据规程》均明确规定被告人及其辩护人在开庭审理前申请排除非法证据，并依照法律规定提供相关线索或者材料的，人民法院应当召开庭前会议。《〈刑事诉讼法〉解释》第 99 条规定，对于当事人庭前提出排除非法证据申请的，人民法院经审查认为证据合法性存在疑问的，应当召开庭前会议，就非法证据排除等问题了解情况、听取意见，检察院可以通过出示有关证据材料等方式，对证据进行说明。综合上述规定，司法机关似乎更倾向于将非法证据排除问题在开庭审理之前就基本解决，开庭审理后仅就双方庭前存在异议的部分进行处理。对于双方的争议，能在庭前解决的，应尽量在庭前解决。对于双方已经达成一致的意见，不在法庭上重复调查。二是庭前会议与庭审的衔接。庭前会议制度是 2012 年《刑事诉讼法》首次确立的。作为一种庭前准备程序，庭前会议的确立为我国庭前处理非法证据问题提供了可能，但由于庭前会议的功能仅定位于为庭审做准备，因此并不能在庭前会议中决定是否排除非法证据。按照目前的法律规定，对于庭前会议中达成一致的问题，庭审中不再进行调查，但仍需在法庭上再次确认。实践中，有部分地方法院直接在庭前会议中就作出排除非法证据的排除的决定，这种做法虽从效率和成本的角度考虑有其合理性，但同法律规定相悖。三是审查非法证据的模式。我国庭审中处理非法证据的程序模式可分为独立式和混合式两种。所谓独立式是指非法证据排除属于庭审程序的一部分但又与其他程序相对独立。对于当事人开庭前提出证据申请的，一般在宣读完起诉书之后就开始对非法证据问题进行调查和辩论，之后再对案件其他事实进行调查。[①] 所谓混合式是指把非法证据问题当作一个普通证据问题在庭审中处理而不作区分。鉴于非法证据侵害的是被取证人的基本人权，非法证据排除程序的适用具有独立的价值，可以说是审判中的审判，应尽可能地分开处理。

（5）非法证据处理的决定及救济。在启动非法证据排除程序后，法院会作出两种决定：一是经审查证据的合法性没有问题驳回非法证据排除申请；二是经审查确定为非法证据或不能排除合理怀疑的，排除适用；按照《〈刑事诉讼法〉解释》第103条的规定，检察院或者被告人、自诉人及其法定代理人不服一审法院作出的有关证据收集合法性的调查结论的可以提出抗诉或上诉。也就是说，即便是法院依职权排除的非法证据，控辩双方也可以提出抗诉或上诉，对控辩双方的抗诉或上诉权没有限制。事实上，由于我国对于当事人的上诉权基本上没有什么限制，对于非法证据问题当事人也完全可以以“事实不清，证据不足”等笼统的理由提出。《〈刑事诉讼法〉解释》第103条还规定，第一审人民法院对当事人及其辩护人、诉讼代理人排除非法证据的申请没有审查，且以该证据作为定案根据的，即便控辩双方没有提出异议，法院也应对证据的真实性进行审查，这体现职权主义的特征。总体上看，为避免非法证据对认定案件事实产生影响，我国对于排除非法证据从侦查、起诉到审判，从一审到二审，乃至死刑案件的复核，不论当事人是否提出，均规定司法机关有主动排

① 《排除非法证据规程》第18条。

除的义务，这种规定与诉讼效率不可避免地会产生影响。从解决纠纷和诉讼效率角度考虑，对于当事人没有提出的，除死刑案件外，二审法院似乎没有主动审查的必要。

2. 瑕疵证据的补救与排除程序

关于瑕疵证据的补救程序如何启动，用什么程序补救，谁来进行补救等法律上没有明确规定，实践中一般按以下程序操作：

（1）补救程序的启动。启动瑕疵证据补救的方式主要有三种：第一种是在案件开庭前，法官在庭前阅卷过程中发现证据存在瑕疵建议公诉机关对瑕疵证据进行补救；第二种是在法庭审理过程中辩护人提出了证据瑕疵问题，通常是要求法官排除，法官认为系瑕疵证据且对于认定案件事实有意义，建议公诉机关对该证据进行补救；第三种是开庭审理后在合议或汇报过程中，合议庭成员、庭院长或审判委员会委员认为证据存在瑕疵，法官根据合议庭、审判委员会或庭院长的意见，建议公诉机关启动瑕疵证据补救程序。实践中，无论是控方还是辩方对瑕疵证据进行补救的意愿似乎都不是很强烈，除非案件有可能被宣告无罪。究其原因主要是公诉机关在向法庭提交证据前已对相关证据进行了审核，相关证据系其认为没有瑕疵才向法庭提供的，如果其主动提出补救无异于自己否定自己；另外，就辩护方而言，公诉机关出示的大部分证据都是与己不利的，对证据进行补救不符合其利益，排除才是最佳选择。

（2）补救所依据的程序。通常情况下，如果法院认为某个证据有瑕疵需要补救，会通过以下方式建议公诉机关：一是通过案件承办人与公诉人之间的非正式沟通；二是出具有关瑕疵证据补救的建议函，正式向公诉机关提出对瑕疵证据进行补救。对于法院的建议，公诉机关一般都会通过补充侦查的方式来寻求对证据进行完善。这里涉及补充侦查的条件和目的问题，即对证据存在的问题进行完善是否能启动补充侦查程序？从法理上讲，补充侦查是在原有侦查工作基础上，对案件中部分事实情况作进一步调查、补充证据的一种诉讼活动，主要是对认定案件事实十分必要而又没有的证据进行补充，并不是对证据中存在的问题进行粉饰。但目前如果不依据补充侦查的相关规定，似乎又找不到合适的法律依据。当然，对于法庭审理阶段的补充侦查，《人民检察院诉讼规则》第 455 条作了扩大解释，将补充提供证据也视为补充侦查的情形，这种规定可以为瑕疵证据补救提供司法解释层面的程序法依据①。

（3）补救行为的实施主体。按照《人民检察院诉讼规则》第 457 条的规定，在审判过程中，对于需要补充提供法庭审判所需要的证据或者补充侦查的，人民检察院应当自行收集证据和进行侦查，必要时可以要求侦查机关提供协助；也可以书面要求侦查机关补充提供证据。在实践中，公诉机关很少对瑕疵证据进行补救，更多的是“转述”法院的补救建议，瑕疵证据的补救一般由侦查机关来进行。瑕疵证据能否补救取决于侦查机关的配合。鉴于法院与侦查机关之间没有直接的制约与被制约关系，公诉机关对于证据补救的态度就直接影响着补救的结果。

（4）补救行为的监督和救济。目前，辩护方对瑕疵证据补救行为进行监督的方式较为有限，在公诉机关最终将补救材料提交法庭之前，辩护方对于是否启动了补救程序、对哪些证据进行了补救等事先并不知晓。辩护方对于补救程序以及通过补救所补充的证据的意见，只能在法庭调查程序中发表，如果补救行为中途夭折，那么辩护方甚至不知道公诉机关曾经进行了补救。实际上，很多补救程序启动后，不管证据瑕疵能否得到治愈，公诉机关都会向法院反馈一些信息，有时这些信息尽管没有最终提交法庭作为证据使用，但会对法官认定案件事实产生影响，对于这些信息辩护人并不掌握。由于辩护方的知情权难以保障，参与权和

① 《法庭调查规程（试行）》第 37 条。

监督权也就无从谈起。在寻求上级法院救济方面，辩护方能做的依然有限，一方面，是没有相应的程序正式赋予辩护方专门就补救行为提出异议；另一方面，对于滥用补救程序的行为，法律上也没有规定相应的制裁程序，如果案件中存在该补救而没补救的证据，而该证据对认定案件事实又具有重要作用，上诉法院可以将案件发回，但对于不该补救而实施的补救行为，上诉法院并不反对。

3. 缺失性证据的处理程序

（1）主要在法庭调查环节进行。普通刑事案件的庭审一般包括介绍案件由来、交代诉讼权利、讯问被告人、法庭调查、法庭辩论、被告人最后陈述等环节。鉴于此类“问题证据”既不需要像非法证据那样需要启动专门程序对其合法性进行审查，也不需要像瑕疵证据那样需要补充相关证据对其瑕疵进行补救。实践中，一般在法庭审理的法庭调查环节对其进行处理，由法官在庭上听取控辩双方关于“问题证据”相关意见后作出采纳与否的决定。法官通常不会当庭就证据能力有无作出确认，对于证据能力和证明力的最终判断都会在合议庭评议时一并作出。有观点认为，我国《刑事诉讼法》第 187 条第 2 款关于庭前会议制度的规定在某种意义上可以说是庭前准备程序的初步构建，因此，法官在适用普通程序中，对当事人提出的证据能力采纳与否的争议也可相应提到审判之前考虑，但不能作出实质性的认证处理。[①] 这种观点具有一定的合理性，但庭前会议一般仅在遇到疑难复杂案件时才召开，仍不能解决大部分案件中缺失性证据的处理程序问题。考虑到缺失性证据中的真实性缺失与关联性缺失与证明力问题常常纠缠不清，将其与证明力问题混同处理具有一定的合理性。

---

① 南英，高憬宏．刑事审判方法［M］．北京：法律出版社，2013：96.

（2）尽可能当庭作出决定。对于控辩双方提出的事实证据争议，法庭原则上应当庭进行审查，经审查后当庭作出处理的，应当一并说明理由。同时，法庭对证据有疑问的，可以告知控辩双方补充证据或者作出说明；必要时可以在其他证据调查完毕后宣布休庭，对证据进行调查核实。需要庭后评议作出处理的，应当在裁判文书中说明理由。

（3）不得作为定案根据的情形。一是证据与待证事实不存在关联，或者证据自身存在无法解释的疑问，或者证据与待证事实以及其他证据存在无法排除的矛盾的；二是通过勘验、检查、搜查等方式搜集的物证、书证等证据，未通过辨认、鉴定等方式确定其与案件事实的关联的；三是收集证据的程序、方式不符合法律规定，严重影响证据真实性的，人民法院应当建议人民检察院予以补正或者作出合理解释；四是证人没有出庭作证，其庭前证言真实性无法确认的；五是经人民法院通知鉴定人拒不出庭作证的鉴定意见。

（三）裁判文书对“问题证据”的回应

《严格排除非法证据规定》第 36 条规定：“人民法院对证据收集合法性的审查、调查结论，应当在裁判文书中写明，并说明理由。”这是我国首次在司法解释层面[①]明确规定法院应当将证据合法性审查的相关内容写入裁判文书，这既是对法官撰写裁判文书提出的要求，同时也为非法证据排除规则进入裁判文书提供了明确依据，具有很强的理论和实践意义。最高人民法院 2018 年 6 月 1 日发布的《关于加强和规范裁判文书释法说理的指导意见》进一步明确了排除非法证据说理问题。为了解“问题证据”说理的现状。笔者从实践中最为常见的非法证据入手，对《严格排除

① 《严格排除非法证据规定》系由最高人民法院、最高人民检察院、公安部、国家安全部、司法部联合出台，不属于严格意义上的司法解释，但其实际作用不亚于司法解释，故本书将其定位为司法解释层面的规定。

非法证据规定》实施以来全国各级法院公布在中国裁判文书网中的1825份裁判文书进行了分析①，结果显示：

1. 中级法院裁判文书的数量多、比重相对较大

各层级法院适用非法证据的数量及所占适用非法证据规则案件的比例为：最高法院6篇，占0.3%；高级法院172篇，占9.4%；中级法院844篇，占46.2%；基层法院803篇，占44.0%。这表明，在绝对数量上中级法院适用非法证据规则的案件最多，基层法院次之，两者之间差距不大，中基层法院是适用非法证据排除规则最多的法院。

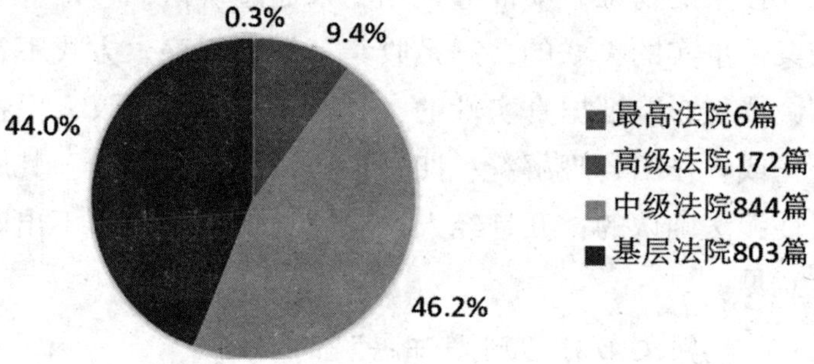

图1　各层级法院适用非法证据排除规则案件的数量及占比

各层级法院适用排除非法证据规则的案件在其所审理的刑事案件中的比例为：最高法院1.12%；高级法院1.1%；中级法院（不包含减刑假释案件）0.9%；基层法院0.01%。法院层级越高，适用非法证据排除规则案件所占刑事案件的比重越大。

① 键入检索方式为“高级检索”、检索范围为“全文”、检索词为“非法证据”、日期为“2017年5月2日至2018年5月3日”。

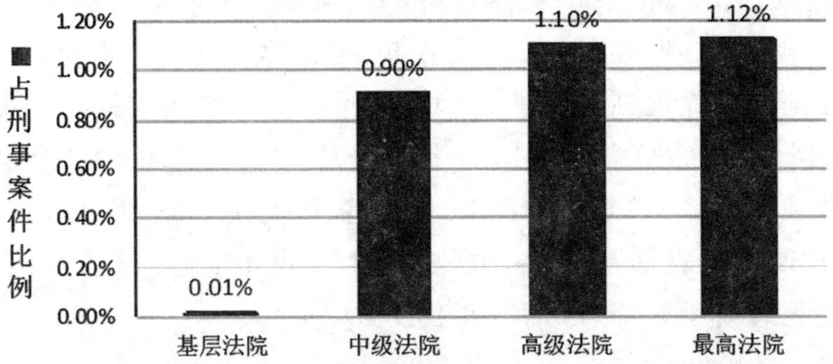

图 2　各层级法院适用非法证据排除规则的案件及占刑事案件总数的比例

2. 裁判文书的数量与区域经济发展水平的高低没有必然联系

在数量上，广东省以 191 篇居全国之首，四川、江苏、云南、吉林分列 2~5 位，西藏、天津、海南、上海、宁夏为适用非法证据排除规则最少的五个省份。

广东、江苏属国内经济发达地区当毫无疑问，四川、云南、吉林的经济发展水平在全国并不领先，而上海的经济发展水平一直雄踞前列，与其在排除非法证据方面的排名不成比例。从上述统计中，我们不能直接得出“经济发展水平高—获得律师帮助多—非法证据适用多”的结论。① 非法证据排除规则的适用除受经济发展状况影响外，还受区域案件特点、人权保障意识、公安取证能力、司法改革推进落实情况等因素影响。云南之所以多，与其毒品案件数量多、比重大有关；吉林作为首批司法改革试点省份，改革较早，关于人权保障方面的探索较多。四川一直在进行刑事证据领域的改革和探索，有较好的运用排除非法证据规则的传统和氛围。此外，上海、北京等地适用非法证据排除规则少与当地公安取证水平较高、证据规则意识较强也有关系。

① 在这一点上，笔者与易延友教授的观点存在差异。易延友．非法证据排除的中国范式［J］．中国社会科学，2016（1）：142.

3. 涉及毒品犯罪、职务犯罪的裁判文书数量多

与毒品犯罪相关的裁判文书 495 篇，居于首位，占所有适用非法证据排除规则案件的 27. 1%；与职务犯罪相关的裁判文书 438 篇（贪污 267、受贿 134、挪用公款 37），占 24. 0%；诈骗类犯罪裁判文书 273 篇，约占 15. 0%；盗窃类犯罪裁判文书 175 篇，占 9. 6%；故意杀人、伤害类犯罪裁判文书 101 篇，占 5. 5%；其他类犯罪裁判文书 343 篇，占 18. 8%。

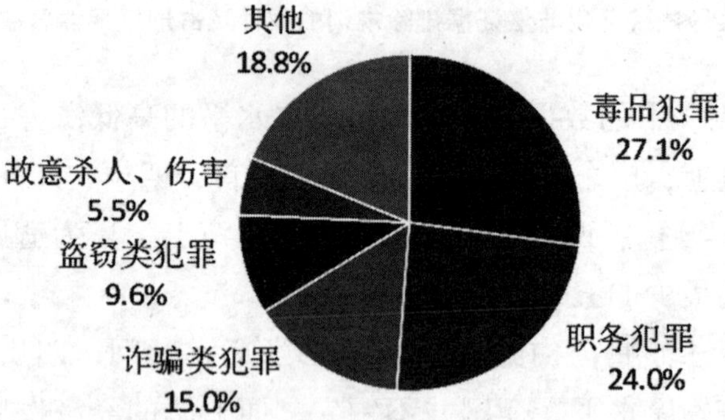

图 3　适用非法证据的案件类型及数量

毒品犯罪具有较高的隐蔽性，公安机关取证需要依靠技术侦查、诱惑侦查等特殊取证方式，这些取证方式在形式上与非法证据具有某些相似性，司法实践中，被告人多以技术侦查违法，存在引诱、欺骗等为理由申请排除证据，以达到不承担刑事责任或减轻处罚的目的。职务犯罪类案件的主体一般具有较高的文化水平，权利意识和社会地位较高，对于法律政策较为熟悉，获得高质量律师帮助的能力比其他被告人要强，申请非法证据排除的数量一直以来都很高。在这类案件中，被告人多以受到威胁、欺骗、疲劳审讯、违反法定程序等为由申请排除，以受到刑讯逼供为由申请排除证据的并不多见。故意杀人、故意伤害等暴力犯罪，绝对数量虽然不多，但考虑到这类案件可能适用死刑，历来是法官审查判断证据的重点。对于此类案件，无论被告人是否提

出申请，法官都需要对排除非法证据规则予以释明，依职权主动审查。

4. 以判决书形式对非法证据问题予以明确的占多数

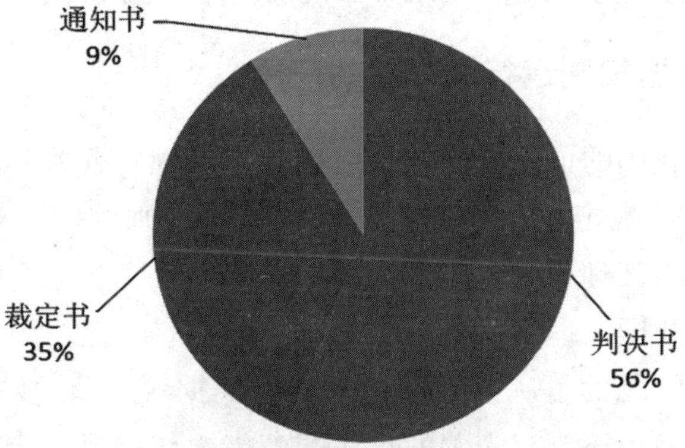

图 4　对非法证据予以明确的文书种类及数量

从裁判文书的类型上看，在 1825 份裁判文书中，判决书 1024 篇，约占 56%；裁定书 645 篇，约占 35%；通知书 156 篇，约占 9%。

一般而言，判决书对于证据、事实和法律适用的记载最为全面，主要适用于经一审审理并作出实体裁判的案件以及经二审审理改判的案件；裁定书主要适用于经二审审理维持原判以及对于程序性事项的处理决定，其记载事项不如判决书全面；通知书主要适用于驳回当事人申请再审的案件，篇幅一般较短，仅针对当事人申诉事项进行回应，对案件事实和法律问题一般不展开论述。

5. 记载方式有重点记载和全面记载两种

第一种，严格按照《严格排除非法证据规定》第 36 条规定，重点记载对于证据合法性审查、调查的结论性意见以及得出证据为非法或合法的结论及理由，其他相关工作不予记载。第二种，除了重点记载《严格排除非法证据规定》第 36 条规定的内容以外，还全面记载法院履行非法证据排除告知义务的情况等相关内容。目前，大部分裁判文书采取的是第一种记载方式，约占全部裁判文书的99%。采取第二种方式记载的裁判文书不到1%，主要集中在北京一中院等个别地方法院的一审判决书中。

二、证据规则运行中存在的问题

目前，我国的证据规则体系已经基本确立，有关非法证据排除程序的相关规定也基本完备。但从这些规则的实际运行状况看，效果却不甚理想。[①] 我们不能否认非法证据排除等证据规则的建立对于我国处理"问题证据"的积极意义，但规则的建立却并不意味着问题的解决。处理好"问题证据"，不仅要有科学的证据规则，而且还要有完善的程序配套措施作保障。从国外处理"问题证据"的经验看，无论是证据规则的创制，还是配套程序的设计都深受一国诉讼模式、诉讼文化传统、诉讼价值理念等的影响。证据规则只有与它所适用的诉讼模式相契合，才能被实际运用，才能获得持久的生命力。目前，我国在处理"问题证据"过程中，似乎在以下几个方面还存在不足。

（一）证据规则与诉讼模式尚不协调

一直以来，我国在诉讼传统上深受大陆法系的影响，职权主义的色彩十分浓厚，查明案件事实是法官的法定职责，法官有积极查明案件事实的义务，拥有较为广泛的调查取证权，对于证据能力规则的要求似乎并不迫切。直到1996年《刑事诉讼法》修

---

① 张勇平．非法证据辩护难的现状与反思［EB/OL］．https://www.chinacourt.org/index.php/article/detail/2017/08/id/2958850.shtml，2019-04-20；王彪．法官为什么不排除非法证据［J］．刑事法评论，2015（1）；毕惜茜．非法证据排除与取证合法性审查［J］．国家检察官学院学报，2016（2）；徐东，乔富粤，张红霞．非法证据排除规则适用调查与分析［EB/OL］．http://www.jcrb.com/xztpd/ZT2018/201808/hnnzxjcy08_49018/llnz/201904/t20190425_1994289.html，2019-04-20.

改时，随着对抗制因素的引入，职权主义的色彩才在法律上稍微减退，但在实践中，法官积极查明案件事实的行为从未中断，2012 年《刑事诉讼法》修改时庭前移送卷宗制度的再次恢复似乎就说明了这一点。然而，我国在构建证据能力规则体系过程中，无论对于实体规则的构建，还是程序规则的引进，都借鉴了很多英美法系的证据规则和相关做法。这种对于传统的部分背离，我们是否已经做好充足的准备了呢？

英美法系的证据规则根植于陪审团审判模式，以规范陪审团准确认定案件事实为出发点，充分考虑了对抗制审理和追求程序正义的需求，规则细密严格，但当事人拥有选择适用权，很多证据规则是备而不用，如果当事人不提，法官没有主动适用的义务，证据规则表面严格，但适用起来却十分灵活。此外，英美法系的证据规则，大部分解决的是证据能否进入法庭接受评判的资格问题，并不解决证据证明力大小的问题，在英美法系国家证据的可采性属于法律问题由法官裁决，而证据的价值（证明力）则由陪审团判断，两个问题由不同的程序来处理。反观我国现行的诉讼模式，首先，事实认定与法律适用均由法官进行，裁判主体是一元的，并不存在一个像英美法系国家那样需要予以特殊关照的非专业裁判者；其次，当事人虽然有权提出证据并要求调查，但是否允许的决定权在于法官，有时为了查明案件事实，法官可以不受举证范围的限制，主动进行证据调查。当事人的举证活动并不直接决定裁判结果，真正对案件结果起决定性作用的是法官的积极证明活动。[①] 此外，我国没有设立专门的庭前程序来解决证据资格问题，对大部分“问题证据”而言，证据能力与证明力问题是放在同一个程序来解决的，诉讼中当事人和法官关注更多的是证据能否作为定案的根据，而不是能否进入法庭接受调查。

---

① 郭志媛．刑事证据可采性研究［M］．北京：中国人民公安大学出版社，2003：91.

鉴于两大法系在近来有相互融合的趋势，借鉴英美法系的证据规则，似乎也并无苛责之处，但两大法系相互借鉴的似乎更多的是非法证据、特权免证等外在的、与刑事政策相关的证据规则，在与事实认定可靠性相关的证据规则方面，两大法系的区别还是比较明显的。还需要注意的是，英美法系的证据规则在无陪审团审判中并没有像在陪审团审判中那样得到严格遵循。“普通法中法官适用的排除规则大多数情况下是出于对陪审员能力的不信任。对于法官来说，他们拥有评判证据的专业经验，因此排除规则的适用就显得没有太大必要。”[①] 因此，如果将主要适用于英美法系国家陪审团审判的证据规则引进我国并要求中国法官严格遵循，似乎有将中国法官的能力等同于陪审员之嫌，尽管追求事实认定准确性是各国刑事诉讼的主要目标之一，但诉讼模式不同，对于具体规则的需求也是不同的，在引进英美法系相关证据规则时，似乎有必要根据我国的诉讼模式对其进行适当的改造。

总之，在我国大陆法系的土壤中播种英美法系的种子，无论是对于土壤还是种子都面临着改变。如果在制度设计中没有注意到这一点，就可能出现橘生淮南则为橘，而生淮北为枳的情况。我们在关注证据规则为何难以执行的时候，我们所构建的证据规则是否符合我国国情，是否与我国现行的诉讼模式相容是首先应该考虑的问题，是“削足适履”；引进证据规则的同时，改造我们的土壤，是“量体裁衣”。根据土壤来决定播什么样的种子，我们需要进行选择，并在此基础上，根据选择的结果进行整体性设计。

（二）证据规则本身不够科学

证据规则本身是否科学完善可以从质和量两个角度去衡量。从量的角度，就是看证据规则在数量上是否充足，法官在审查判

---

① 【美】约翰·W. 斯特龙. 麦考密克论证据［M］. 汤维建，等译. 北京：中国政法大学出版社，2004：129.

断证据过程中是否有相应的规则可以遵循。在质的方面，就是看已经建立的证据规则，能否真正满足法官审查判断证据的需要，对于法官准确认定事实和以正当方式查明案件事实起作用。经过多年的努力，我国的证据规则体系已经基本建立，除了特权免证规则以外，很多急需的证据规则均已经制定，当前最急迫的问题是这些已经制定的规则如何充分发挥作用及进一步完善的问题，也就是提高证据规则的质量问题。目前的证据规则存在以下问题：

1. 对于非法言词证据的规定较为零散

理解我国法律关于非法言词证据的规定，两个词十分重要，分别为“刑讯逼供”和“等”。如果不能清晰界定上述两个关键词，就难以界定我国非法证据的概念，非法证据排除规则也就难以运行。“我国《刑事诉讼法》第56条虽然明确禁止‘刑讯逼供’，但却并未进一步解释何为‘刑讯逼供’，而《刑法》第247条虽然规定司法工作人员对犯罪嫌疑人、被告人使用肉刑或者变相肉刑，逼取口供的行为，构成刑讯逼供罪，但也未进一步界定何为‘肉刑’或‘变相肉刑’。造成‘刑讯逼供’虽耳熟能详，且已经写入法律，却在我国法律体系中没有明确的法律规范解释依据。”[①] 这也同时造成了“等”字无法解释，无论是主张“等内”，还是“等外”，在“刑讯逼供”本身界定不清的情况下，皆失去了规范的对象。基于这种情况，2012年《刑事诉讼法》司法解释第95条规定，使用肉刑或者变相肉刑，或者采用其他使被告人在肉体上或者精神上遭受剧烈疼痛或者痛苦的方法，迫使被告人违背意愿供述的，应当认定为刑事诉讼法第56条规定的“刑讯逼供等非法方法”。《关于建立健全防范刑事冤假错案工作机制的意见》《严格排除非法证据规定》和《排除非法证据规程》等

① 万毅．论“刑讯逼供”的解释与认定——以“两个《证据规定》”的适用为中心［J］．现代法学，2011（5）：54.

对于非法言词证据予以了进一步细化明确。总体来看，一方面，关于非法言词证据的规定多部法律规范或意见均有涉及，在体系上还比较凌乱，不利于查找适用；另一方面，目前关于非法言词证据的规范均未明确揭示刑讯逼供的本质，即这种手段是对人类基本权利和社会道德良知的侵犯。

2. 对于非法实物证据的界定不够严密

“收集不符合法定程序”“严重影响司法公正”“不能补正或者作出合理解释”三者之间的关系如何界定以及此处的“补正”与“合理解释”与瑕疵证据中的“补正”与“合理解释”之间有无区别等似乎都有进一步明确的必要。实践中有观点认为，只有同时满足三个条件才是非法实物证据。实际上，这里的补正或合理解释只是处理非法实物证据的方式，并不能作为判断是否构成非法证据的条件。如果“补正或合理解释”是处理非法证据的方式，那么其与瑕疵证据中的“补正或合理解释”应该是不同的。瑕疵证据的补正是在原证据基础上进行适当的添补或变更，主要针对的是笔录中的漏错字等，对于违反程序收集且严重影响司法公正的证据，在原有基础上进行轻微的变更似乎不足以消除影响。同样，这里的“合理解释”与瑕疵证据中的“合理解释”也应有所区别，两者所针对的“问题证据”在违反法律严重程度上的不同，决定了两者在解释内容、方法、标准等方面应该存在差别。基于此，“补正”“合理解释”出现在该条文中就不甚严谨了，会给人一种明明是严重影响司法公正的证据，却可以像瑕疵证据一样处理的感觉。实际上，这似乎并非立法者本意，立法者所欲表明的立场只是对于非法实物不应轻易排除，而应根据案件具体情况尽可能适用，即采取的是严格排除的立场。

3. 对于瑕疵证据缺乏明确的界定

实践中，瑕疵证据的认定范围呈现出扩张之势，虽不排除部分司法人员故意曲解法律规定，假借瑕疵证据补救之名，对其他违法侦查行为进行“漂白”。但关于瑕疵证据的规定本身不科学是主要原因。目前，司法解释关于何为瑕疵证据并无明确规定，实践中多从证据缺陷是否能补正或合理解释来判断。从司法解释的规定看，“合理解释”的使用也并不局限于瑕疵证据，其他“问题证据”也可以使用，如书证、物证有更改的迹象，就可以通过合理解释来处理，如果将所有可以通过“补正与合理解释”来进行处理的证据都视为瑕疵证据，则瑕疵证据就没有了边界。在部分案件中，瑕疵证据补救已经异化为“问题证据”补漏或沦为侦查机关侦查工作不到位的替代品，补救的对象已经远远超出了瑕疵证据所能涵盖的范围，给冤错案件的发生留下了隐患。如在佘祥林案中，侦查机关就曾补充了“作案时间距发案时有 3 个月之久，杀人凶器无法寻找；佘祥林拾的蛇皮袋无法查清；我们对佘祥林作案时所穿衣服检验未见血迹”等材料，以弥补前期取证行为或没有证据的不足。[①]

4. 证据规则的例外情形较多，影响了规则的严肃性

我国关于确保证据客观真实的规则或法律规范比较多，但由于科学性不足，在实际执行中变通处理的情况较多，以致例外成了原则，掏空了规则的内容，很多规则没有得到严格执行。以原证原物优先规则为例，从法律规范的规定看，我国对几乎所有实物证据都提出了原件原物的要求，我国的原物优先规则在范围上比英美法系国家的最佳证据规则要大，但该规则存在关于例外情形的规定较为模糊，以及例外的情况过多等情形，规则在实践中的执行情况并不理想。这就如同从司法解释层面编织了一张试图将虚假实物证据一网打尽的大网，但由于网格太大、网眼太多，导致再大的渔网也形同虚设。

---

① 张军．刑事证据规则理解与适用［M］．北京：法律出版社，2010：360.

5. 关于证据种类的规定较为僵化

1996 年刑事诉讼在法律中明确规定证据有物证、书证；证人证言；被害人陈述；犯罪嫌疑人、被告人供述和辩解；鉴定结论；勘验、检查笔录；视听资料七种。在这种立法体例下，只有法律明确肯定的证据材料才具有证据资格，其他材料无论证明价值多高，都会因为不具备法定的证据形式，而一概不能跻身证据殿堂。而实际上，诸如以单位名义出具的《工作说明》，公安机关制作的《到案经过》《提取笔录》《破案报告》等不具备证据法定形式的材料在司法实践中大量存在。此类证据材料不仅内容上具有关联性，而且取证的程序、方法也没有对权利人的实体权利造成侵害，仅仅是形式上不符合法律的规定。因此，大多数都会被法庭所采纳。这种做法，从打击犯罪角度考虑，具有合理性，但却不利于法治秩序的构建，一定程度上造成了立法与司法背离。2012 年《刑事诉讼法》取消了直接在法条中规定证据种类的做法，转而采用了“证据包括”这样的描述性词汇，且在笔录的种类上新增加了辨认笔录和侦查实验笔录，并采用不完全列举的形式为其他笔录进入诉讼预留了空间，很大程度上改变了修改前证据体系封闭僵化的不足。但即便如此，司法实践中发挥证明作用的证据材料也未完全纳入其中，或者说在证据表现形式上仍未能与《刑事诉讼法》的规定一致。除非放弃对证据法定形式的要求，否则，只要立法上对证据法定形式予以直接规定的方式没有变化，实践中就必然会存在具有相关性和客观性却不符合法定证据形式的材料。因为，立法具有滞后性，不可能对所有证据材料都预先予以规定。科学的处理办法是对较为常见且常用的证据予以规范，同时以一定形式为未来可能出现的证据提供一个入口。

（三）规则运行程序不配套

1. 瑕疵证据补救程序缺乏有效规范

证据规则的实施离不开相应的程序保障。如果没有科学的程序作为保障，再完备的规则也会形同虚设。例如，我国早在1998年《〈刑事诉讼法〉解释》中就确立了排除非法言词证据的规则，但由于程序性规范的缺失，非法证据规则一直没有在司法实践中发挥其应有的作用。总的来看，尽管我国处理“问题证据”的证据规则在科学性、合理性等方面还存在不足，但同实体性规则的缺陷相比，程序保障不充分或缺失对于证据规则实施的影响更大。这种局面，随着2017年最高人民法院“三项规程”的出台有了根本性改变。对于非法证据，在实体和程序两个方面均有相应的规定予以规范，已经较为完备；对于缺失性证据的审查和处理，可依据《法庭调查规程》予以认定，但对于瑕疵证据的处理程序，目前的法律规定仍较为模糊，对于瑕疵证据补救的启动，补救的责任、次数、补救材料的形式、救济等方面缺乏程序规范，造成该规则在实际运行中问题较多。

2. 辩护人参与机制尚未健全

非法证据排除等证据规则的实施离不开辩护人的有效参与，但从目前看，由于知情权、参与权等权利保障不充分，律师在推动证据规则实施中的作用还十分有限。为律师执业设置障碍，不尊重律师的辩护意见等情况还时有发生。在非法证据排除中，定义难、启动难、排除难、救济难的情况还一定程度上存在。[①] 在瑕疵证据补救中，由于缺乏明确的程序规范，被告人及其辩护人难以有效参与，容易对补救的合理性和正当性产生质疑，会导致司法人员严格依据瑕疵证据补救规则作出的补救行为因当事人不了解而难以接受。另外，司法人员违法对瑕疵证据进行补救的行

① 张勇平．非法证据辩护难的现状与反思[EB/OL]. https://www.chinacourt.org/index.php/article/detail/2017/08/id/2958850.shtml，2019-04-20.

为因缺乏相关程序规定而不能监督。实践中，瑕疵证据补救往往成为公检法三机关为追究犯罪而实施的共同行为，被告人及其辩护人无法知晓也无从参与，容易出现补救行为在方向上的倾斜。

3. 程序性制约不足

公检法三机关由于所处的诉讼阶段不一样，对于证据资格标准的理解也不同。对于已经起诉到法院的案件，如果法官认为证据存在瑕疵，从理论上讲应由检察机关负责补救，如果检察机关不能补救或不积极补救则应承担证据被排除的程序性制裁后果。但在现行司法体制下，法院和法官似乎还不能承受将瑕疵证据排除而宣告被告人无罪所面临的压力，这样做也同人民法院所肩负的打击犯罪职责相悖。因此，法官在“治愈”瑕疵证据上态度非常积极，“治愈”的愿望也很强烈。与此形成鲜明对比的是，公诉机关和侦查机关的动力则相对不足，往往认为案件到了法院，相应的职责即已经履行完毕，不愿再“多此一举”，对于法官提出补救的建议不予理睬，甚至直接拒绝的情况时有发生。

4. 对于补救手段和方式的规定不够明确

实践中，以补正的方式对证据瑕疵进行更正的情况很少，绝大多数证据瑕疵都是通过合理解释的方式予以补救。笔者曾对某中级法院的234份瑕疵证据补救材料进行统计后发现，仅有3份瑕疵证据采用了补正的补救方式，也就是说近99%的瑕疵证据补救是通过合理解释来完成的。[①] 解释作为一种分析推理活动，其客观性是否能够保证？能够在多大程度上对瑕疵证据进行补救？不免让人担心。对瑕疵证据进行补救一般都是在保留原证据的瑕疵形态，另作工作说明对瑕疵进行解释说明，并将该材料同瑕疵证据一同提交法庭质证。但也有的案件侦查人员虽对证据瑕疵进行了说明，但拒绝提供相关材料予以补正，法官往往只能以工作

---

① 李忠勇. 对于完善瑕疵证据补救制度的思考——以某中级法院普通刑事案件判决为样本［J］. 法律适用，2013（2）：57.

记录的形式将上述内容予以记载。此时，侦查机关的说明对法官心证形成实际上产生了影响，有时甚至是决定性的作用，但这种工作记录却不能进入法庭接受质证，相关当事人几乎不可能知道它的存在。此外，在极少部分案件中，侦查人员有时会直接在原有证据上进行补正工作，然后再将该证据再次提交法庭接受质证。如讯问人因工作疏忽没有在讯问笔录上签名，公诉机关指出瑕疵后，讯问人取回卷宗补签后将该讯问笔录再次向法院提交。这种较为“随意”的补正方式至少在合理性上是令人质疑的。

（四）部分规则适用主体能力不强

1. 保障人权的司法理念尚未牢固树立

有学者认为，司法实践中，很多法官并没有恪守中立地位，而是愿意充当第二公诉人。[①] 笔者认为，随着以审判为中心的诉讼制度改革的深入推进，法官司法理念和司法能力水平的不断提升，这种情况会越来越少。但不可否认，法官在运用证据规则过程中，一定程度上存在“重实体、轻程序，重打击、轻保护”的情况，保护被告人权利的意识相对淡薄，影响了证据规则的实施。为了解非法证据排除规则的运行现状，笔者随机调取了 2011 年 10 月以后 B 市辩护人提出非法证据申请的 59 件案件并对其进行分析，结果发现在这 59 件案件中，有 24 件案件法院在辩护人提出后直接驳回了申请；有 23 件在分析在案证据后驳回了申请；有 12 件启动了非法证据排除程序，有 11 件调取相关证据后驳回了申请，只有 1 件实现了有限的非法证据排除——排除了被告人数次口供中的 1 次。从结果上看，申请或启动非法证据排除并没有对案件的定罪量刑产生任何影响。在对上述案件中法官驳回辩护人排除申请的理由进行分析后发现，不论法官当庭直接驳回，还是结合在案证据分析后驳回，其着眼点均放在在案证据能否证

① 王彪．法官为什么不排除非法证据［J］．刑事法评论，2015（1）．

实被告人犯罪上，存在审理对象“跑偏”的情况；即使启动“调查程序”，调取了相关证据，法官也并非完全依照调取的证据来决定是否排除非法取证，仍然需要结合在案证据来印证排除。这表明，部分法官在是否排除非法证据问题上，不是个案判断，而是全案审查，不是合法性判断，而是真实性判断，对于非法证据排除的人权保障功能尚未充分认识。

2. 对于规则的理解和把握不精准

法律规则再好，如果理解运用不当，也不能发挥功效，立法者的良好愿望也会落空。基于证据规则本身不科学、法官能力素质水平等原因，对于证据规则的要求不能精确把握，也是影响证据规则实施的原因之一。有学者曾指出，我国法官的法解释能力存在不足，部分法官对法律条文的内涵以及各条文之间的关系不清楚，在法律和司法解释没有明确规定的情形下，往往更是不知所措。在法院绩效考评的背景下，只要遇到稍微复杂一些的问题，几乎所有的法官都会选择请示领导，在领导也拿不准的情况下，往往又会请示上级法院。然而，由于非法证据排除程序属于“审判之中的审判”，在被告人及其辩护人频频提出非法证据排除申请的情况下，法官难以在每一起案件还未审理完毕之时便频频请示，在这种情况下，很多法官便会想方设法地回避非法证据排除问题，或者置之不理，或者与案件实体问题在裁判文书中一并处理。①

3. 证据规则适用中还存在畏难情绪

证据规则在某种意义上是对侦查机关和公诉机关的制约。侦查机关和公诉机关对待证据规则的态度，法院有无足够的力量和手段促使它们遵守证据规则是影响证据规则实施效果的两个重要因素。有律师曾撰文指出：“非法证据排除在实践中如此困难，是因为它制约的是公安机关和检察机关。而公检法中，

① 王彪．法官为什么不排除非法证据［J］．刑事法评论，2015（1）．

法院相对弱势，加上在政法委的领导下，公检法三家往往重视互相配合而忽略互相制约，指望法院‘枪口对内’，何其难。”[①] 这种说法其实并不准确，但却在一定程度上反映出证据规则实施中的困境。还有学者指出，法院在排除非法证据中面临着审前机关、被害方和社会舆论等的外部压力，导致其不敢排除非法证据。[②] 法院在实施该规则过程中，顾虑多、压力大，受自身实力和地位的影响，法院在排除非法证据的问题上往往是心有余而力不足。

（五）裁判文书说理不充分

裁判文书作为阐释法律、表述裁判结果、彰显司法正义的重要载体，其制作、发布和使用是人民法院工作的重要组成部分，也是法官履行工作职责的主要体现。以记载、说理、引导三个裁判文书基本功能为标尺进行观察，目前存在的主要问题是：

1. 对于排除非法证据问题的论述不够规范统一

主要表现为：一是对被告人及其辩护人提出的排除非法证据申请不予回应，未在裁判文书中记载相关内容，对于排除申请如何处理语焉不详。此种情况在 2010 年《两个证据规定》实施之前较为常见，究其原因主要是当时的法律对于非法证据排除问题规定得不明确，实践中法官难以处理便采取了回避式处理。在目前的实践中，这种处理的方式已不多见，但并未完全绝迹。二是对排除非法证据申请的处理过程记载不全面，仅告知结果。对于被告人及其辩护人提出申请后，法官是否进行了审查、如何审查、理由是什么等没有针对性回应。三是对于排除非法证据是否需要引用相关法条，有的引用了，但大部分没有引用。四是对于被告人及其辩护人提出排除非法证据申请后又撤回的，有的法院

---

① 谢海涛．非法证据阻击战［EB/OL］．http：//www. hebei. com. cn，2014-03-10.

② 王彪．法官为什么不排除非法证据［J］．刑事法评论，2015（1）.

写，有的没写。五是在告知排除非法证据权利问题是否需要写入裁判文书方面，有的法院写，大部分法院没有写。

2. 现行裁判文书样式没有为非法证据等证据能力问题的论述提供相应位置

虽然按照《严格排除非法证据》第36条规定，非法证据排除的适用情况应写入裁判文书，但对于具体如何表述没有进一步规定。在目前的裁判文书结构中，关于证据问题的评价一般放在裁判文书的正文部分，通常的论述结构是以“经审理查明……”开头确定事实，紧接着通过“上述事实有以下经庭审质证的证据予以证实”过渡之后，法官将作为定案依据的证据依次排列开来。实践中，对于启动了排除非法证据程序的，非法证据问题一般放在“本院认为”之前，在控辩意见的辩驳部分进行评判；对于没有启动的，有的在“本院认为”之前和其他问题一起进行评判，有的放在“本院认为”部分评判。非法证据排除问题未在现行裁判文书格式中拥有固定的一席之地，论述的随意性较大，不够集中明确，裁判文书的记载、说理、引导作用未能充分发挥，对于排除非法证据规则实施的保障和促进作用有限。

3. 回应的针对性不强、论理不足

一是普遍存在侧重从证据本身是否真实进行论述，而忽视从证据合法性角度进行回应的情况。这种问题甚至在最高法院作出的驳回申诉通知书中都存在，如在其一篇驳回申诉通知书中如此表述：“……没有提出排除非法证据的申请，且多名被告人当庭认罪并认可在侦查机关供述的真实性。”二是缺乏类型化的回应。在一些裁判文书中，也没有区分启动排除程序后非法证据是否排除。对于未启动排除程序的案件，存在忽视或没有从程序上论证申请是否符合启动条件的问题；对于启动排除程序但未排除非法证据的案件，存在论证公诉方证据合法性不够，回应过于简单的问题；对于排除非法证据的案件，同样存在论述证据非法的理由过于简单，未能充分说理的问题。

4. 论述不够严谨科学，甚至存在违反立法精神的情况

突出表现在三个方面：一是对非法证据的界定不准确，将一般违法证据作为非法证据处理，如将理论上有争议，但法律上未明确规定的技术侦查、诱惑侦查等作为非法证据处理；二是将证据能力问题与证明力问题混为一谈，普遍存在从证明力角度论述非法证据问题的情况，在论述过程中将关注的重点放在证据是否真实可靠上，对于证据取证手段是否合法不予关注或关注不够；三是个别裁判文书存在论述举证责任错误的问题，在一篇裁判文书中，对于辩护人提出的排除非法证据申请，法官是这样回应的——“辩护人虽提出公安机关存在篡改笔录、诱供、套供，应排除非法证据，但没有提出证据予以证明……”。

5. 缺少具有引领示范作用的经典性裁判文书

《两个证据规定》颁布实施以后，提起非法证据，人们不再谈虎色变，非法证据排除规则的适用逐步活跃，有一定的适用数量。但总体上看，真正排除的很少，排除关键证据的更少，因排除非法证据而判决被告人无罪的少之又少。在非法证据问题上，能不排，就不排；能少排，不多排的现象还存在，与之相对应，在裁判文书中，只做不说，能不说就不说，能少说不多说，大部分裁判文书不能完整反映非法证据的处理过程，缺乏记载全面、论述充分、逻辑清晰、具有代表性和指导性的典型裁判文书。

第五章　完善“问题证据”审查处理的建议

亚里士多德对于法治曾经有过一个经典的论述，他认为法治应当包含两个方面，即“已成立的法律获得普遍的服从，而大家所服从的法律又应该本身是制定良好的法律”①。亚里士多德关于法治标准的论述为我们探寻刑事审判“问题证据”的处理之道提供了有益启发。在考察两大法系尤其是英美法系的相关做法时，我们发现，要处理好刑事审判“问题证据”。一方面，是要有科学合理的证据能力规则，即所制定的证据能力规则要能符合它所适用的诉讼模式的需要和所追求的诉讼价值的要求，规则无论繁简，只有适合的，才是最好的；另一方面，法律的生命在于实践，再好的证据能力规则只有付诸实践才能体现出存在的价值，这就需要相应的理念、程序、制度保障。在“问题证据”的处理上，两大法系基于不同的诉讼模式、文化传统和价值追求选择了不同的道路，但都能较好地实现提升案件事实认定准确性和正当性的目标，因此，很难说孰优孰劣。尽管近年来两大法系也出现了相互融合借鉴的趋势，但传统的改变非一朝一夕，在可以预见的将来，它们之间的差别仍将继续存在。身处在这个变化的世界中，我们不可能对身边的事物毫无感知，但感知世界的最终目的却不是为了其他，而是为了更加深刻地了解自己，找到适合自己

① 【古希腊】亚里士多德．政治学［M］．吴寿涛，译．北京：商务印书馆，1965：195.

的最佳路径。

一、处理好几个问题

正确的审查判断“问题证据”并对其作出相应的处理是一个系统工程，既需要从“问题证据”的合理分类界定，相应证据规则的完善，程序措施的保障等硬件层面进行改进；又需要从司法理念意识转变，司法人员素质提升等软件层面不断完善。从国外的相关规定看，针对不同类型的证据问题确立相应的处理规则是通常的做法。而这些证据规则的确立与具体适用又深受一国诉讼模式、诉讼文化传统、诉讼价值理念等的影响。完善我国“问题证据”的审查判断规则和相应的处理程序也须与国情相适应，充分考虑上述因素的影响。

（一）不同诉讼价值目标的协调

国家刑事诉讼活动总的目的在于查明案件事实真相，正确适用刑罚。这包含两个方面的含义：一是使犯罪者得到刑法的惩罚；二是避免使无辜者被错误追究。与此相对应，《刑事诉讼法》分别表现出打击犯罪和保障人权两个方面的目的。[①] 打击犯罪与保障人权是《刑事诉讼法》的两个直接目的。所谓打击犯罪，是指通过刑事诉讼活动，在准确、及时地查明案件事实真相的基础上，对构成犯罪的被告人公正适用刑罚，以抑制犯罪，以及通过刑事程序本身的作用来抑制犯罪。[②] 所谓保障人权，是指在打击犯罪过程中，通过一定的程序规范和规则，保障公民（包括被告人）的合法权益不受非法侵害。[③] 在处理“问题证据”过程中，

① 崔敏，李佑标．刑事诉讼法学［M］．北京：中国人民公安大学出版社，2008：67.

② 郝银钟．刑事诉讼目的双重论之反思与重构．［J］．法学，2005（8）：77.

③ 郝银钟．刑事诉讼目的双重论之反思与重构．［J］．法学，2005（8）：77.

一方面，处理“问题证据”的机制要能对虚假的、不可靠的、与案件待证事实无关的证据材料进行过滤，以确保查明案件事实的准确性和及时性；另一方面，查明案件事实不能不择手段，不能以野蛮的、不文明的手段收集证据，刑讯逼供等非法收集的证据应被排除，以震慑侦查机关的非法取证行为。

在当代刑事诉讼中，由于刑事诉讼常常表现为公权力与被告人之间的对抗，两者的力量对比相距悬殊，被告人的人权保障就成为刑事诉讼的重中之重。自第二次世界大战以来，有感于个人权利受到侵犯的惨痛，联合国制定了一系列旨在刑事司法中保障个人权利的规则，成为各国刑事司法参照的尺度。尊重和保障人权的价值观念在世界范围内广泛传播。尽管随着各国犯罪形势尤其是近年来恐怖犯罪在世界范围的蔓延，一些曾经被视为非法的取证手段在特定环境和犯罪侦查中重新获得了合法性，但这并没有从根本上改变日渐深入人心的人权保障理念。那种为打击犯罪而不择手段的做法在文明国家已经遭到抛弃。需要注意的是，打击犯罪与保障人权并不是矛盾的两个方面，两者并不出于同一阶位，不是此消彼长的关系。“不论是从历史还是从现实来看，刑事诉讼的发动，其基本目的就是在于发现、揭露、证实、惩罚犯罪，这个实体公正的基本目标古今中外并无例外。而强调权利保障则意味着要求采用文明的、规范的、科学的程序和方法实现刑事诉讼的这个目标，而不是要否定刑事诉讼的这个实体公正的目的。”[①] 如此，以人权保障为由排除“问题证据”，只有在证据系非法取得等极个别情况下才具有绝对的意义，否则证据本身是否真实可靠以及其对于案件事实认定的作用等与查明案件事实真相相关的因素都应在“问题证据”排除之前予以充分考虑。

---

① 王敏远．一句谬误、两句废话、三种学说［M］．北京：中国政法大学出版社，2013：250.

（二）诉讼模式及文化的差异

从国外的情况看，两大法系由于诉讼模式和诉讼文化传统的不同，相关的证据能力规则也存在一定的差异。总的来看，英美法系国家由于奉行陪审团裁判事实制度，为了帮助外行裁判者能够准确认定事实，创制了大量基于可靠性设立的证据能力规则。而在大陆法系国家，事实认定和法律适用均由专业的法官来完成，不存在一个需要特别“关照”的外行裁判者，因此基于对专业裁判者的信赖，关于可靠性方面的证据规则相对较少，法官在事实认定方面享有较大的自由裁量权。我国在1996年修改《刑事诉讼法》时，引入了对抗制诉讼模式的因素，但这并未从根本上改变我国职权主义的诉讼模式。2012年修改《刑事诉讼法》时庭前移送卷宗制度的回归，再次说明了这一点。虽不能以我国在诉讼模式上属于职权主义为由拒绝证据规则，不管是英美法系或是大陆法系，查明案件事实真相都是刑事诉讼的主要目标，但在构筑证据规则过程中，职权主义始终是无法回避的因素，只有充分考虑并努力构筑与之相匹配的证据规则，规则才能获得有效的执行。

还需要注意的是，我国目前的刑事诉讼模式不仅是职权主义的，而且在很大程度上还是以侦查为中心的，侦查机关在刑事诉讼中的强势地位是国外传统大陆法系国家所没有的。在侦查主导诉讼的模式之下，控辩双方力量对比失衡，诉讼成了“流水作业”，审判在很大程度上是侦查的延续，以审判中心还未确立，审判权威不够，一些违反证据规则收集的证据排除起来难度很大。虽然庭审中心、审判中心已经成为共识，并写入党的十八届四中全会文件，但习惯的改变，尤其是权力运行模式的改变非一朝一夕。在完善“问题证据”处理中，只有对中国司法实际运行状况有较为清晰的认识，有所准备，有所兼顾，才可能提出具有针对性的解决办法。

（三）不同类型“问题证据”的性质

“问题证据”的性质不同，处理的规则和方法也不同。从国外的情况看，英美法系国家一般通过品格证据规则、传闻证据规则、意见证据规则、最佳证据规则等内在排除规则将虚假的、不可靠的或虽具有一定的证明力，但却容易混淆和偏见的证据排除在法庭之外，以确保认定案件事实的准确性。大陆法系国家的相关证据规则虽不如英美法系国家那么繁杂，但也致力于通过规定完善的证据收集、审查、判断程序来确保证据的真实性，进而保障事实认定的准确性。在通过非法证据排除规则、特权免证规则等外部排除规则对与案件事实真相查明无关，但对维护人类生活具有重要意义的秩序和价值进行维护上，两大法系的做法基本相同。

刑事审判中的“问题证据”，以对案件事实认定产生影响的不同进行划分，总体上可以分为两类：一类是证据本身的真实客观性难以保障的证据，即缺失性证据和瑕疵证据（缺陷证据）。对于这类证据一般通过意见规则、原物优先规则等与证据真实可靠性相关的证据规则进行调整。瑕疵证据虽然也在一定程度上涉及利益平衡，但与非法证据的鲜明人权保障价值取向不同，此类证据主要还是基于可靠性角度考虑，证据本身是否客观真实是采纳与排除的主要着眼点。另一类是不符合正当性要求的“问题证据”，以非法证据为典型。对于此类证据一般从人权保障的角度进行衡量。此外，不同类型“问题证据”的性质也影响着采用何种具体处理方法。按照《两个证据规定》《刑事诉讼法》及其司法解释的规定，对于“问题证据”，可以分别适用“排除”“补正”“合理解释”“不得作为证据使用”“不得作为定案的根据”“采用”“采信”等处理方法。一般而言，在具体处理模式上，对于瑕疵证据的处理方式可以灵活一些，法官可根据案件具体情况自由裁量，只要证据的真实性无损即可采用。但对于非法证据，尤其是非法言词证据则较为严格，一般不允许法官进行自由裁量。

（四）实体与程序的兼顾

英国哲学家培根在《论司法》中曾经说过，“一次不公的判断比多次不平的举动为祸尤烈。因为这些不平的举动不过弄脏了水流，而不公的判断则把水源败坏了。”通过刑事诉讼实现的公正包含两个方面的要求，即实体公正和程序公正。实体公正要求司法机关工作人员准确地查明案件事实真相，正确地适用法律惩罚犯罪行为；程序公正要求以文明的、可接受的方式实现刑罚。刑事诉讼事关当事人的生命、财产和自由，确保案件认定事实不出错是最基本的也是最起码的要求。但在现代刑事诉讼中，仅关注事实认定的准确和追求实体裁决的公正是不够的，因为正如美国联邦最高法院法官威廉·道格拉斯曾谈到的，“权利法案的大多数规定都是程序性条款，这一事实绝不是无意义的。正是程序决定了法治与恣意的人治之间的基本区别。”因此，不仅要注重实体公正，而且程序也要公正，做到两者兼顾。

证据是诉讼的基石，作为裁判基础的证据，其本身是否真实可靠，对于裁判是否公正起着决定性的作用。从实体公正的角度考虑，基于证据资源的有限性，有时候排除的证据越多，可能越不利于查明案件事实。因此，即便是客观真实性存在缺陷的证据，如果这种缺陷没有达到显而易见的程度，则不宜直接在法律规范层面作出将其排除的规定，而应留给法官根据案件具体情况来裁决的空间。证据不是排除的越多越好，而是应排除那些对于案件事实认定会产生危害的证据。正是基于这种考虑，大陆法系的《刑事诉讼法》很少对证据真实性判断问题作出直接规定，而多由法官根据逻辑和经验判断。正如有学者指出的，“证据资源有限，是证据法的基本规律和出发点”①。因此，为打击犯罪的需要，各国都极为珍视来之不易的证据资源，除非是与发现案件事实真相或基本人权保障严重相悖，否则都不会轻易排除证据。即便是将正当程序奉为最高刑事司法准则、将保障人权作为刑事诉讼最主要目的的美国，自20世纪80年代以后在排除规则方面，也不得不作出许多例外性的规定，根据打击犯罪的需要，通过判例允许将部分以往认为是非法取得且需要排除的证据提交法庭。②“过分强调实体正义固然不对，但过分强调程序正义也难免矫枉过正，有从一个极端走向另一个极端之嫌。”③ 对于违反法定程序收集的证据如何处理，一般应根据违法取证所违反的程序所保护的法益来决定。如果程序规定仅仅为收集证据的一般规定，与人权保障并无关系，则其证据能力一般不受影响，除非该程序对于确保证据和客观真实性至关重要或显而易见对于证据的真实可靠性产生了消极影响，即该项程序规定与案件真相的发现直接相关。

（五）民众的理解与认同

司法制度不能脱离它的运行环境，“在当今的中国社会，客观真实、实体正义仍然是民众对司法的主要价值要求”④。在这样的背景下，以实现程序公正为由，完全排除非法证据，就有可能导致部分犯罪无法追求，民众似乎还难以接受，尤其是被害人家属的情绪更难以平复。为此，在处理“问题证据”过程中，要注重民众对于司法公正的感受，通过判决逐步培养民众的证据规则

① 龙宗智．两个证据规定的规范与执行若干问题研究［J］．中国法学，2010（6）：23.

② 宋英辉，汤维建．证据法学研究综述［M］．北京：中国人民公安大学出版社，2004：146.

③ 陈瑞华．非法证据排除的中国模式［J］．中国法学，2010（6）：34.

④ 龙宗智．两个证据规定的规范与执行若干问题研究［J］．中国法学，2010（6）：22.

意识。一方面，要坚守公平正义和社会道德良知的底线，排除那些以非人道的方式收集的证据，通过严格适用证据规则来倒逼公安机关规范调查取证行为，维护人类生存所必需的道德良知；另一方面，对于取证行为没有侵犯被取证人的权利或侵权不是很严重所取得的证据，应赋予法官一定的自由裁量权，视案件具体情况作出处理，实现在依法裁判、依证据规则裁判的基础上，兼顾民众对司法公正的感受。

二、进一步转变司法理念

思想是行动的先导。处理“问题证据”的规则要在司法实践中真正得到贯彻落实，离不开司法人员观念的转变。欲实现司法人员观念的转变，既可以通过外在的教育引导，也可以通过司法人员自身逐渐“顿悟”。两者各有优缺点，由外及内的推进，速度快，目标性强，更能实现短时间内的改观，但如果速度把握不好，目标选取不当，在短时间内大规模地引入相关证据规则，则很有可能因水土不服而难以实行，甚至会伤及根本。寄希望于司法人员通过实践实现自我升华，在短期内难以实现，亦不能同快速发展的经济社会相适应。在当下的中国，唯有双管齐下，里应外和，方能在较短的时间内推动司法人员理念的转变。这就需要从理论研究、立法、司法等各个层面同时入手。

（一）理论研究视角的转变

长期以来，我国证据法学界在对证据概念、证据属性等进行研究的过程中，比较偏重于证据的实体属性、自然科学属性，而对于证据的法律属性重视不够，缺乏一定的法学研究思路和方法。证据法学思辨式的研究、借鉴式的研究较多，对于本土司法实践的关注较少，存在证据与证明相互脱节、就证据研究证据、就证明谈证明的问题，对于证据能力、证明力的关注不够，理论研究与司法实践存在一定程度的脱节。完善“问题证据”的处理，需要从理论上对“问题证据”进行科学合理的界定，为“问题证据”的研究找到一个合适的基点。

有观点认为，“我国对于证据基础理论的研究应从对证据概念、证据‘三性’的局限中解脱出来，在关注点上改变只注重从技术角度探寻事实真相的原有习惯，转向以证据能力为核心，从法律的角度探寻如何构建一套保护权利、限制权力的证据规则，以充分实现证据制度所本应具有的防止误判、价值协调等多种功能”。[①] 笔者赞同通过构建科学合理的证据规则来提升认定案件事实的准确性和正当性，也赞同引入证据能力概念，但并不赞同一定要完全从证据“三性”中解脱出来。这一方面是因为思维具有连续性，完全推倒重来，可能会带来理念、制度上的诸多不适应，毕竟通过这么多年的理论倡导，证据“三性”的概念已为大多数司法人员所接受，在司法解释中关于证据审查判断的相关规定也体现了证据“三性”的要求；另一方面证据“三性”并非与证据能力水火不容，也有很多内容是相通的，如证据“三性”中关于合法性的要求，很多情况下可被证据能力所涵盖。此外，证据能力并不能离开相应的制度环境而单独存在，证据能力规则只有与诉讼制度相契合，才会获得生命力。即便在大陆法系国家和地区，证据能力理论与实践也存在一定程度的不一致，由于没有专门的程序解决证据能力问题，证据能力与证明力问题在具体处理时也未完全分开。

基于此，就“问题证据”的处理而言，理论研究不应完全从证据“三性”中解脱，而应对其进行改进，以适应司法实践的需要。从法官审查判断证据的过程及最终的目的看，什么样的证据可以作为定案的根据，作为定案根据的证据应具备什么样的条件，是法官最为关心的问题，也是证据法学所应解决的主要问

① 葛玲．论刑事证据排除［M］．北京：中国人民公安大学出版社，2011：185.

题。取得作为定案证据的资格与真正用作定案的根据是不同的，证据属性理论或许可以从应然层面解释已经作为定案根据的证据应当具有的特征，但却不适合用来衡量证据能否作为定案根据。因为，一方面，作为定案证据资格要求的关联性和客观性同作为定案根据的证据所应具备的关联性和客观性在程度上是不同的，前者要比后者低；另一方面，证据属性理论也无法解释为何部分证据存在违法情形，却依然能作为定案根据的问题。引入证据能力概念，同时将证据“三性”作为判断证据能力的标准，可以跳出对证据合法非法问题的纠缠，为从更高的层面和更广阔的视角研究“问题证据”提供了可能。因为既然证据能力所要解决的是证据能否作为定案证据资格的问题，那么，证据是否合法取得就可以不再是唯一需要考虑的因素，也不再是决定是否排除的唯一因素，这就为瑕疵证据、非法实物证据等有问题但不能排除的证据的适用提供了理论上的合理性。

（二）立法指导思想的转变

我国《刑事诉讼法》以往基于将证据视为公安、司法机关查明案件事实的手段，比较注重从公安、司法机关查明案件事实的职能需要的角度，设置刑事证据制度。[①] 表现在证据规则领域就是一方面虽然制定了一些证据能力规则，如证人出庭、原物优先等，但基于便利公安机关、检察机关查证的需要或基于案件审理效率的考虑，规定了很多例外，以至于例外成了原则，原则成了例外，导致证据能力规则的作用难以发挥；另一方面基于查明案件事实的考虑，注重追求证据本身的可靠和事实认定的准确，忽视取证本身的正当性和采纳该证据的可接受性，表现为补充侦查程序的启动较为随意等。

实现从注重职权便利到重视权利保障的转变，需要完善的规

---

① 王敏远．一句谬误、两句废话、三种学说［M］．北京：中国政法大学出版社，2013：263.

则对权力进行约束，以保障权利的行使。这就要求，在制定和运用证据能力规则过程中，不仅要关注行使职权便利的需要，而且要注重对当事人权利的保障和维护，更要严格遵循证据能力规则，形成按证据能力规则处理“问题证据”的意识。此外，还应建立科学系统的证据规则体系，实现由分散处理到规则治理的转变。目前，我国通过《刑事诉讼法》或制定司法解释已经初步确立了诸如非法证据、直接言词、意见证据等证据规则，但总体来看，这些证据规则在一定程度上还比较分散、凌乱，缺乏统一的协调，系统性、规范性不够，给人以头痛医头、脚痛医脚的感觉，缺乏一以贯之的指导思想，效果不是很好。针对这种情况，可考虑以确保证据真实性为基础兼顾证据的正当性，在平衡协调两者关系的基础上构筑符合中国刑事诉讼要求的证据规则体系，比如建立类似于美国联邦证据规则的中国刑事统一证据规则。

（三）司法人员及民众意识的转变

证据规则的实施离不开司法人员观念的转变。规则是硬件，司法人员的素质是软件。再好的硬件如果没有辅之以良好的软件，其效果也不会理想。在处理“问题证据”过程中，重打击、轻保护，重实体、轻程序，重证明力审查、轻证据能力审查等与证据规则运行不相匹配的现象还在一定范围内存在，甚至还比较普遍。例如，法官在对非法证据进行审查中仍偏重于实质性审查而非合法性审查，在对瑕疵证据进行补救过程中重补救的形式和过程却轻补救的结果等，这些观念上的偏差，影响了对证据规则的理解与执行，需要及时转变。目前，司法人员急需树立或转变的观念主要包括：一是证据裁判观念，即认定案件事实只能依靠证据，作为认定案件事实依据的证据必须符合证据资格的要求且经法庭依法调查。证据裁判原则的树立和遵循是证据规则实施的前提，证据规则只有在证据裁判原则确立后才具有实际意义。二是规则意识，理解规则的精神，严格按照规则要求的标准和程序去审查判断证据，排除不符合规则要求的证据。三是厘清证据能力与证明力的区别与联系。作为定案根据的证据必须同时具有证据能力和证明力，法官在审查判断证据过程中，应先审查证据材料是否具有证据能力，在此基础上，再考察证据的证明力。两者不仅在审查的顺序上有区别，功能也不同。证据能力规则是外在的、人为设定的排除或采纳证据材料的规范，具有过滤和筛选证据材料的功能，旨在排除那些不可靠或缺乏正当性的证据，确保案件事实认定的准确性。证明力是一个需要法官依据逻辑和经验判断的问题，一般遵循自由心证原则。

证据规则的实施也需要普通群众的理解与认同。在本书导论所提王某案中，媒体和民众对瑕疵证据补救的质疑有合理的一面，但也有一部分是对于《两个证据规定》理解不到位造成的。作为普通的群众，不可能要求其像司法机关工作人员那样系统地掌握证据规则，但基本原则精神的宣扬，可以为规则的运行清除障碍。一方面，需要司法机关严格执行证据规则，通过执行证据规则来宣传证据规则，通过鲜活的案例让群众了解知悉规则的规定；另一方面，需要适当的法制宣传，澄清模糊认识，如排除非法证据不等于宣告被告人无罪等。法律不能在真空中运行。逐步培养群众的证据意识、规则意识有助于良好法治环境的形成，可以促进证据规则的落实。

三、健全完善证据规则

我国虽从传统上属于大陆法系国家，但并不能由此就得出我国不需要像英美法系国家那样的证据规则的结论。实际上，正是因为证据能力规则的不完备，才导致很多证据问题难以处理或处理的效果不佳。当然，制定具体的处理规范与构建证据能力规则体系并不能等同。如果缺乏内部协调，规则之间就有可能出现矛盾，影响规则的实际效果。从目前看，完善“问题证据”的处理在规则层面关键在于规则的体系化建设，主要包括以下几个方面。

（一）建立与职权主义相匹配的处理模式

明确采取何种模式处理“问题证据”是完善证据规则体系的前提。在这一问题上，两大法系采取了不同的做法。英美法系采取了事前控制模式，通过对进入法庭的证据资格进行审查，将不符合证据可采性要求的证据排除，从“入口”对证据进行把关。而大陆法系采取的是事后控制模式，在定案阶段决定“问题证据”的排除或采纳问题，通过裁判文书说理及上诉法院审查的形式对法官处理“问题证据”的行为进行监督。我国在2012年修改《刑事诉讼法》时确立了庭前会议制度，恢复了庭前移送卷宗制度，同时为两种模式的实践提供了可能，建立了有别于西方的混合控制模式。笔者曾试图以庭前会议制度为基点，力求在正式开庭之前就解决证据的资格问题。但这种设想遇到了巨大挑战。首先，庭前会议的功能仅限于了解情况不能作出排除或采纳证据的决定。其次，即使庭前排除“问题证据”，如果庭前会议仍是由参加案件审理的审判人员主持，无论是审判人员抑或法官助理，那么“问题证据”对法官的影响还是难以消除。最后，随着庭前移送卷宗制度的恢复，无论“问题证据”是否排除，法官均可接触，在哪个审判阶段排除似乎已经不是最重要的问题了。此外，我国的事实认定与法律适用主体是一元的，不存在英美法系陪审团和法官二元审理模式。因此，建立英美法系式的，与陪审团审判模式相对，以规范口头证据运用为主的证据能力规则体系来处理“问题证据”并不是最佳选择。

作为传统的大陆法系国家，我国在处理“问题证据”过程中，采取事后控制模式似乎顺理成章，也更能解决实践中的问题，有助于实现刑事诉讼目的，符合刑事诉讼的运行模式。查明案件事实真相，准确认定犯罪并对犯罪行为实施者予以相应处罚是我国《刑事诉讼法》的首要目的，基于人权保障的需要对查明案件事实的行为和手段进行必要的限制并不能总体上否定这个基本目标。要实现查明案件事实的基本目标，就需要有证据支持，而证据资源具有有限性，无论科学技术多么进步，侦查水平如何提高，对于审理案件的法官来说证据都有可能是“不充足”的。如果将刑事诉讼的主要目的定位于解决纠纷，那么，对于证据的要求可能会有所降低，但解决纠纷也需要证据支持，否则也会失去正当性。况且，这一观点目前还不能为我国司法机关及群众所接受。查明案件事实真相的目标决定了法官在审理案件中应尽可能获取与案件相关的信息，而不是排除，因此在案件尚未正式审理之前就排除证据，其合理性就会受到质疑。此外，英美法系之所以力求在正式开庭之前解决证据资格问题，还与陪审团审理案件需要集中连续进行有关，而职业法官不存在召集上的困难，可以分散审理。因此，证据能不能作为定案的根据以及作为定案根据所应具备的资格是我国刑事诉讼实践中关心的、也是最需要解决的问题。在构建完善处理“问题证据”相关规则中，可考虑围绕定案证据资格来设置证据能力规则，为法官审查判断证据提供标准，为当事人参与监督证据采纳与排除提供依据，以确保案件事实认定的准确性与正当性。

需要注意的是，采取大陆法系的处理模式，也并不意味着完全排斥英美法系的证据规则。鉴于查明案件事实无论在大陆法系或英美法系的刑事诉讼中均具有重要的意义，在完善我国“问题证据”处理规则过程中，同样可以借鉴英美法系的证据规则，以为法官审查判断证据资料能否作为定案根据提供帮助。

（二）改变处理形式不合法证据“一刀切”的做法

虽然2012年修改《刑事诉讼法》时，对证据种类的相关规定进行了完善，但如果在立法上对于封闭式的证据种类规定方式不进行修改，再频繁的改动也恐赶不上新证据种类产生的速度。

随着经济社会的发展和科学技术的进步，基于法律的滞后性，形式不合法证据必将会在司法实践中一定程度上存在。从目前看，对于这类证据，由于其在形式上不符合法律关于诉讼证据资格的要求，不能直接赋予证据能力。但也不能因此就彻底否定其作证资格。在目前的司法实践中，如果将这些证据均排除在外，很多与案件相关的情节将无法得到印证，诉讼的效率和效果都将会受到影响。应秉持相对合理主义的立场来处理。对于法定证据种类之外的证据材料，如果可靠性无法保证的，予以排除，否定其证据能力；如果依法取得且内容真实可靠的，可通过以下方式处理：

一是重新提取。针对的是侦查人员没有按照规定的形式提供证据材料的情况。例如，对被告人到案的情况，就应该通过收集侦查人员证言的形式予以固定并向法院提交，而不应以派出所或刑警队的名义出具工作说明。对被告人如何到案，需要法院根据证据来认定，侦查机关应该做的是提供可以证明这一事实的证据，而不是提供带有判断性质的《情况说明》。对于类似的材料，一方面，制作过程和书写内容缺乏统一明确的规定，责任难以落实；另一方面，由于其在证据形式上的不明确，难以运用证据规则对其进行审查判断，其记载的内容的真实性难以确定，容易导致案件还未进入法院审理，事实却已由公安机关确定的情况。这其实是侦查中心主义的副产品，应该予以改变。对现有法律已对证据形式予以规定，而侦查机关却未按规定形式制作的，应否定其证据能力，建议侦查机关重新取证后提交，即将其重新转化为合法的证据形式。

二是扩大解释。即通过法官的扩大解释，将与法律规定的证据形式证明机理相同或相似的证据材料解释为法定证据形式。例如，搜查笔录可以解释为勘验、检查、辨认、侦查实验等笔录。当然，为保证法律适用的严肃性，证据形式不符合规定的证据首先应采取转化的方法，只有在不能转化时，才可以考虑通过解释的方法赋予其证据能力。

三是创设。即根据法律的授权，创设新的法定证据形式。这种处理方法只有在采取“开放式”和“半开放式”证据种类划分模式的立法体系下，才有可能实现。从《刑事诉讼法》的规定看，我国对于证据种类的立法体例，除对笔录类证据采取概括式列举外，对于其他证据种类采用的依然是封闭的规定方法。如果出现新类型证据，只能通过解释来解决其合法性。为防止法律关于证据形式的规定流于形式，有必要对这种解释的权限进行限制，解释权原则上由最高人民法院来行使为宜。对于个案审理中确实需要的，也应层报最高人民法院批复。

（三）确立以证据“三性”为基础的分类审查规则体系

在承认作为诉讼证据使用的材料必须同时符合“三性”的基础上，确立“三性”的不同阶位和审查判断的顺序，并根据各自不同的重要性设立相应的规则。在证据“三性”之中，关联性无疑是最基础的。正是关联性将证据材料同案件待证事实联系在了一起，具有了作为诉讼证据使用的可能性，具有关联性是一切证据材料成为诉讼证据的必要条件。在证据资格的审查判断环节，关联性具有合法性和客观性所不具有的统率作用。因为，客观性问题更多的属于证明力问题，在证据资格的审查判断环节，只要“表面”上具有即可获得通过；而合法性存在问题的证据，也有可能因为违法行为显著轻微，对于案件客观真实性影响不大，而被“原谅”，唯有关联性才是决定证据材料能否取得诉讼证据资格的关键。

在审查判断证据过程中，应改变“三性”同时审查的传统模式，在观念上要树立关联性、合法性和客观性相继进行审查的思维，在制度上，构筑以证据关联性规则为基础的“问题证据”处理规则。以证据是否同案件待证事实存在关联，作为判断其是否取得诉讼证据资格的首要条件。在此基础上，区分不同“问题证据”的类型，分别运用不同的证据能力规则对其进行审查，通过建立完善品格证据规则和任意自白规则对被告人口供的证据能力进行判断；以直接言词规则和意见证据规则对证人证言、被害人陈述、鉴定意见进行判断；以原物优先规则对书证、物证进行判断，逐步确立特权免证规则，完善非法证据排除规则和瑕疵证据补救规则，形成对人证、物证、书证收集和审查判断的全面规范。

四、完善相关配套措施

处理好“问题证据”不仅要有先进的理念、完善的规则，还要有相应的程序配套和制度保障，否则再先进的理念、再科学的规则也无法实施。在规则基本确立的前提下，完善“问题证据”处理的关键在于法官在作出采纳或排除“问题证据”时所依据的程序是否公开透明，当事人能否有效参与并表达自己的意见，法官处理“问题证据”的行为能否受到有力的监督。配套程序的缺失是目前影响“问题证据”处理的最主要问题，证据规则本身的不完善可以通过高水平的司法予以部分纠正，但如果没有相应的程序规定，规则的实施也就无从谈起。在处理“问题证据”过程中急需建立或完善的配套措施包括：

（一）健全完善瑕疵证据补救程序

在处理“问题证据”的程序中，尽管存在缺失性证据无专门处理程序、证人启动非法证据排除的申请无法律依据等问题，但目前最需要建立和完善的是瑕疵证据补救程序。从法律规范的规定看，对于“问题证据”补救手段（以合理解释为典型）的适用具有极大的广泛性和模糊性，对于非法实物证据、瑕疵证据、部分真实性缺陷证据都可适用。如果不对其适用范围、启动程序、适用频次、救济措施等加以规定，就有可能从根本上腐蚀构建证据规则的种种努力。为此，可考虑从以下几个方面入手对补救行为予以规范：

1. 明确可以补救的“问题证据”范围

补救有补正与合理解释两种方式，但补正的适用对象具有特定性，仅限于《两个证据规定》所规定的证据在取证程序和方式等方面存在的技术性瑕疵，不能随意扩大适用范围，对于其他“问题证据”则不能使用补正手段。

2. 明确补救的原则

对“问题证据”进行补救应坚持合法真实原则。对证据进行补救是对侦查阶段形成的证据进行补查完善，是在承认先前取证行为存在缺陷的前提下，为弥补先前收集的证据缺陷而进行的努力，从某种意义上说是侦查取证行为在案件审理阶段的延续。对证据进行补救必须符合侦查法治的要求，补救行为本身应符合法律的规定。在补救过程中不能制造假证，应绝对禁止“倒签时间”“拼凑合法性条件”“无中生有地增加侦查人员与见证人”等弄虚作假的行为。

3. 明确补救的职责

在公诉案件中，证明被告人有罪的责任属于检察院。虽然法官在庭审过程中对证据有疑问时可以进行调查核实，但并不承担证明责任，对“问题证据”补救的职责应由公诉方承担，公诉方应积极履行补救的义务并承担相应的责任。法官可以建议、提示公诉机关对“问题证据”进行补救，但不应直接参与检察机关或公安机关的具体补救行为。

4. 保障被告人及其辩护人对于补救行为的知情权、参与权与监督权

对于启动证据补救程序的，法官应将补救的情况及时告知被告人及其辩护人，并听取他们的意见。无论补救结果如何，公诉人在法庭上都应对证据补救情况进行说明，作为证据使用的补救

材料，应提交法庭并接受被告人及其辩护人质证。通过被告人及其辩护人的参与，加强对瑕疵证据补救行为的监督制约，确保瑕疵证据补救效果。

5. 明确补救的次数

参照法律关于补充侦查的规定，明确“问题证据”的补救不能超过两次，每次不能超过一个月。

（二）裁判文书说理制度的完善

鉴于在决定“问题证据”采纳与排除问题上，我国采用的是大陆法系的处理模式，裁判文书中详细列明处理“问题证据”的过程及结果就显得尤为重要。

1. 明确说理的要求

按照最高人民法院《关于加强和规范裁判文书释法说理的指导意见》要求，法官要着力在阐明事理、释明法理、讲明情理和讲究文理四个方面下功夫。阐明事理，即对于刑事被告人及其辩护人提出排除非法证据申请的，裁判文书应当说明是否对证据收集的合法性进行调查、证据是否排除及其理由，展示案件处理的客观性、公正性和准确性；释明法理，即说明裁判所依据的法律规范以及适用法律规范的理由；讲明情理，即体现法理情相协调，符合社会主流价值观；讲究文理，即语言规范，表达准确，逻辑清晰，合理运用说理技巧，增强说理效果。

2. 突出说理的重点

一是列明处理“问题证据”的程序。裁判文书不仅应详细列明“问题证据”的结果，而且应将诉讼参与申请非法证据排除、对瑕疵证据进行补救等情况在裁判文书当中予以回应。二是列明采纳与排除的证据名称。对于双方当事人当庭出示的证据材料，不论是否采纳，均应在裁判文书中列明，不能对当事人提交的证据不置可否。三是无论采纳与排除，均应列明理由，应从证据的“三性”入手详细阐释采纳或排除“问题证据”的原因，接受当事人的质疑和监督。阳光是最好的防腐剂。通过裁判文书公开法官处理“问题证据”的全过程，不仅可以打消当事人对于法官采纳或排除“问题证据”的质疑，而且还有助于推动公诉机关进一步规范调查取证行为。

3. 强化分类说理

法律对于非法实物证据和非法言词证据是否排除的关注点存在差异，裁判文书说理也应根据具体情况有所侧重。对于非法言词证据，只要查明是非法手段取得的即应排除，论述应围绕以下几个方面展开：一是权利告知的表述；二是当事人的启动申请；三是对于启动申请的审核（所提申请是否属于非法证据排除规则适用范围，是否提供了相应的线索或材料）；四是公诉方关于证据合法性的证明情况（提供的证据情况、相关证据佐证情况）；五是法院审查的结论及理由。对于实物证据，首先要补救，只有在补救不能且严重影响司法公正时才排除，说理的重点应放在以下方面：收集证据是否违法；如果违法，违法收集证据的行为是否严重影响司法公正；如果违法且可能严重影响司法公正，是否进行了补救及解释，补救或解释的效果如何等。

4. 注重差异化说理

裁判文书的类型不同，对于证据事实问题的说理也不同。按照《严格排除非法证据规定》第 38 条规定，除非有正当理由，否则非法证据排除的申请一般都应在一审程序中提出，这就意味着，绝大多数非法证据问题的处理程序及结果都需要在一审判决书中予以明确，一审关于非法证据问题的认定和处理是后续程序的基础。一审是适用非法证据排除规则的主要审级和关键阶段。在一审裁判文书中，详细记载所有与排除非法证据相关的程序和实体事项，有助于保护被告人合法权利和排除非法证据规则的深入落实。对于二审裁定书，首先应围绕被告人一审是否提出排除申请以及法院是否予以处理，二审是否具有提起排除非法证据申请的事实及理由等展开。只有符合申请条件的，才涉及实体问题；对于驳回申诉通知书，既应围绕原审适用非法证据排除的情况、被告人本人是否提出过排除申请、申请人是否提出新的线索或材料等程序性事项来展开，还应从实体上对证据合法性问题予以明确回应。

5. 着力加强中级法院和重点案件裁判文书的说理

中级法院无论是适用排除非法证据规则案件的数量，还是适用排除非法证据案件占刑事案件的比重都比较大，从其审级职能、审理案件的类型和在整个法院体系中所处的地位看，在适用排除非法证据规则和强化裁判文书说理中居于承上启下的关键环节，是提升排除非法证据说理水平的关键层级。此外，还应针对性加强毒品犯罪类案件和职务犯罪类案件裁判文书的说理，对于毒品犯罪类案件，关键是清晰界定非法证据的概念，将不属于非法证据的问题排除在非法证据规则适用范围之外；对于职务犯罪类案件，关键是要把法律政策的规定予以详细说明。对于适用死刑案件，则务求细致、全面审查，排除一切合理怀疑。

6. 明确在裁判文书中论述非法证据问题的方式

裁判文书中应当完整、集中论述对于非法证据问题的处理过程及认定结论。鉴于非法证据问题属于证据能力问题，在一审裁判文书交代诉讼权利部分应将告知排除申请权利的情况列明。对于提出申请的，应在裁判文书“经审理查明”部分之前就非法证据排除相关问题予以明确，把申请的提出、涉及的证据、审查的过程及最终的结论等问题讲清楚。即使不将非法证据问题在“经审理查明”之前进行论述，至少也应在裁判文书“本院认为”部分之前将该问题论述清楚。对于其他类型裁判文书，可根据工作实际需要，在大体遵循上述体例的基础上，结合审查重点适当调整。

7. 落实裁判文书说理的激励保障机制

一是考核机制，将法官运用排除非法证据规则说理的情况纳入法官绩效考评，作为法官职务等级晋升和评优评先的重要依据。二是指引机制，省级以上人民法院定期发布排除非法证据优秀典型裁判文书，对排除非法证据说理的形式、结构进行规范，对不同类型、审级裁判文书说理的重点进行指引，使各级法院在排除非法证据说理时能够有范本可供参考。三是评价机制，将排除非法证据说理纳入裁判文书质量评估体系和评价机制，定期组织裁判文书释法说理评查活动，评选发布优秀裁判文书，通报批评瑕疵裁判文书。四是评查机制，将排除非法证据说理作为裁判文书质量评查的重要内容。

（三）程序性制裁机制的完善

关键是如何平衡好公检法三机关之间配合与制约的关系。就证据规则的适用而言，讲配合，就是要按照证据规则的标准要求依法收集、制作并提供证据，否则就只能通过制约来实现刑事诉讼的目的。证据规则的适用在某种意义上是对权力机关的束缚，基于不同诉讼权力的特性以及三机关在刑事诉讼中所承担的诉讼职能的不同，要实现三机关在证据规则尤其是非法证据排除规则上的协调一致，既不可能，也无必要，唯有以权力制约权力，以制度约束权力方为可行。这就需要，一方面，实现由“侦查中心”到“庭审中心”的转变，完善程序性制裁机制，通过排除补救不能或不能补救的“问题证据”，促使侦查机关和公诉机关依法履行职责，逐步树立法院权威；另一方面，侦查机关内部的奖惩也应同证据的采纳与排除相挂钩，对侦查人员取证不规范的行为予以必要的惩戒。此外，律师是排除“问题证据”的最大外在动力来源，在内部排除缺乏动力的情况下，重视律师的意见，保障其履行职能的权利可能也是一个较为可行的方法。最后，证据规则不是一剂包治百病的良药，不可避免地会有一些副作用，民众对于规则的副作用，也需要有所认识。

参考文献

一、著作

［1］樊崇义．证据法学［M］．北京：法律出版社，2011.

［2］党的十八届四中全会《决定》学习辅导百问［M］．北京：党建读物出版社，学习出版社，2014.

［3］房保国．刑事证据规则实证研究［M］．中国人民大学出版社，2010.

［4］陈光中，徐静村．刑事诉讼法学［M］．北京：中国政法大学出版社，1999.

［5］陈光中．21世纪域外刑事诉讼立法最新发展［M］．北京：中国政法大学出版社，2004.

［6］宋英辉，汤维建．证据法学研究述评［M］．北京：中国人民公安大学出版社，2006.

［7］葛玲．论刑事证据排除［M］．北京：中国人民公安大学出版社，2011.

［8］张军．刑事证据规则理解与适用［M］．北京：法律出版社，2010.

［9］孙远．刑事证据能力导论［M］．北京：人民法院出版社，2007.

［10］高家伟，邵明，王万华．证据法原理［M］．北京：中国法制出版社，2004.

[11] 王敏远．一句谬误、两句废话、三种学说［M］．北京：中国政法大学出版社，2013.

[12] 蔡金芳．刑事司法及死刑适用若干疑难问题实例剖析［M］．北京：法律出版社，2009.

[13] 龙宗智．证据法的理念、制度与方法［M］．北京：法律出版社，2008.

[14] 张智辉．刑事非法证据排除规则研究［M］．北京：北京大学出版社，2006.

[15] 刘善春，毕玉谦，郑旭．诉讼证据规则研究［M］．北京：中国法制出版社，2000.

[16] 陈瑞华．刑事证据法学［M］．北京：北京大学出版社，2012.

[17] 陈瑞华．比较刑事诉讼法［M］．北京：中国人民大学出版社，2010.

[18] 陈卫东．刑事诉讼法理解与适用［M］．北京：人民出版社，2012.

[19] 龙宗智，夏黎阳．中国刑事证据规则研究［M］．北京：中国检察出版社，2011.

[20] 林钰雄．严格证明与刑事证据［M］．北京：法律出版社，2008.

[21] 李学灯．证据法比较研究［M］．台湾：五南图书出版公司，1992.

[22] 陈朴生．刑事证据法［M］．台湾：三民书局，1972.

[23] 刑事证据规则运用手册［M］．北京：法律出版社，2010.

[24] 林山田．刑事诉讼法［M］．台湾：三民书局，1990.

[25] 宋英辉，孙长永，等．外国刑事诉讼法［M］．北京：法律出版社，2011.

［26］易延友．证据法的体系与精神——以英美法为特别参照［M］．北京：北京大学出版社，2010.

［27］郭志媛．刑事证据可采性研究［M］．北京：中国人民公安大学出版社，2003.

［28］罗结珍．法国刑事诉讼法精义（下）［M］．北京：中国政法大学出版社，1998.

［29］刁荣华．比较刑事证据法各论［M］．台湾：汉林出版社，1984.

［30］麦高伟．英国刑事司法程序［M］．北京：法律出版社，2003.

［31］杨宇冠．非法证据排除规则研究［M］．北京：中国人民公安大学出版社，2002.

［32］何家弘．短缺证据与模糊事实［M］．北京：法律出版社，2012.

［33］纪格非．证据能力论——以民事诉讼为视角的研究［M］．北京：中国人民公安大学出版社，2005.

［34］南英，高憬宏．刑事审判方法［M］．北京：法律出版社，2013.

［35］崔敏，李佑标．刑事诉讼法学［M］．北京：中国人民公安大学出版社，2008.

［36］宋英辉，汤维建．证据法学研究综述［M］．北京：中国人民公安大学出版社，2004.

［37］江必新．最高人民法院关于适用中华人民共和国刑事诉讼法的解释理解与适用［M］．北京：中国法制出版社，2013.

［38］【德】马克思，恩格斯．马克思恩格斯选集第3卷［M］．北京：人民出版社，1995.

［39］【德】托马斯·魏特根．德国刑事诉讼程序［M］．岳礼玲，温小洁，译．北京：中国政法大学出版社，2004.

[40]【德】克劳思·罗科信．刑事诉讼法［M］．吴丽琪，译．北京：法律出版社，2003.

[41]【英】K. S. 肯尼，J. W. 赛西尔·特纳，肯尼．刑法原理［M］．北京：华夏出版社，2004.

[42]【英】罗素．宗教与科学［M］．徐奕春，林国夫，译．北京：商务印书馆，2000.

[43]【日】田口守一．刑事诉讼法［M］．张凌，于秀峰，译．北京：法律出版社，2010.

[44]【美】米尔建·R. 达马斯卡．漂移的证据法［M］．李学军，等译．北京：中国政法大学出版社，2003.

[45]【美】米尔吉安·R. 达马斯卡．比较法视野中的证据制度［M］．吴宏耀，魏晓娜，等译．北京：中国人民公安大学出版社，2006.

[46]【美】约翰·W. 斯特龙．麦考密克论证据［M］．汤维建，等译．北京：中国政法大学出版社，2004.

[47]【美】华尔兹．刑事证据大全［M］．何家弘，等译．北京：中国人民公安大学出版社，2004.

[48]【美】彼得·斯坦，约翰·香德．西方社会的法律价值［M］．王献平，译．北京：中国人民大学出版社，1990.

[49]【美】罗纳德·德沃金．认真对待权利［M］．信春鹰，吴玉章，译．北京：中国大百科全书出版社，1998.

[50]【美】达马斯．比较法视野中的证据制度［M］．吴宏耀，魏晓娜，等译．北京：中国人民公安大学出版社，2006.

[51]【意】贝卡里亚．论犯罪与刑罚［M］．黄风，译．北京：中国大百科全书出版社，1993.

[52]【古希腊】亚里士多德．政治学［M］．吴寿涛，译．北京：商务印书馆，1965.

[53] Black´s Law Dictionary（5th Edition），West Publishing

Co.,(1979).

二、期刊

[54] 陈瑞华. 非法证据排除规则的中国模式[J]. 中国法学, 2010(6).

[55] 陈瑞华. 从认识论到价值论: 证据法理论基础的反思与重构[J]. 法学, 2001(1).

[56] 陈瑞华. 论瑕疵证据补正规则[J]. 法学家, 2012(2).

[57] 万毅. 非法证据排除规则若干操作问题研究[J]. 中国刑事法杂志, 2007(3).

[58] 万毅. 论瑕疵证据——以"两个《证据规定》"为分析对象[J]. 法商研究, 2011(5).

[59] 万毅. 取证主体合法性理论批判[J]. 江苏行政学院学报, 2010(5).

[60] 韩旭. 刑事诉讼中不规范证据的处理[J]. 成都大学学报(社会科学版), 2008(2).

[61] 周欣, 马英川. 论刑事诉讼中瑕疵证据的概念与特征[J]. 法学杂志, 2012(11).

[62] 杨宇冠. 我国非法证据排除规则的特点及实施[J]. 中国审判新闻月刊, 2012(4).

[63] 何家弘. 论"欺骗取证"的正当性及限制适用——我国《刑事诉讼法》修改之管见[J]. 政治与法律, 2012(1).

[64] 李忠勇. 试论我国非法实物证据的排除标准——以《排除非法证据规定》和新《刑事诉讼法》第56条为分析对象[J]. 江西警察学院学报, 2012(4).

[65] 李倩. 德国刑事诉讼法证据禁止制度类型分析[J]. 中国刑事法杂志, 2010(1).

［66］李倩．德国刑事证据禁止理论问题研究［J］．中外法学，2008（1）．

［67］王超．刑事证据排除的两种模式［J］．现代法学，2013（3）．

［68］龙宗智．两个证据规定的规范与执行若干问题研究［J］．中国法学，2010.（6）．

［69］郝银钟．刑事诉讼目的双重论之反思与重构［J］.2005（8）．

［70］杨蕾，刘万奇．刑事证据法定形式的中国模式［J］．中国人民公安大学学报（社会科学版），2011（2）．

［71］黄秀丽，李思睿．证据有问题，补补就合法？［EB/OL］．http：//www. infzm. com/content/63375，2012-12-20.

［72］新华网．最高法：非法证据排除原则未严格执行［EB/OL］. http://news. xinhuanet. com/legal/2011 - 01/10/c _ 12963600. htm,2013-12-20.

［73］谢海涛．非法证据阻击战［EB/OL］.http://www.hebei.com.cn,2014-03-10.

［74］陈瑞华．刑事司法改革的重大突破［N］．人民法院报，2010-06-06（2）．

［75］万毅．“大物证”概念的建构及其司法意义［N］．检察日报，2013-06-24（3）．

［76］牟军．中国刑事诉讼制度重构的“瓶颈”及其破解——基于刑事证明标准的分析［C］．金陵法律评论，2002（3）．

三、案例

［77］Mapp v. Ohio，367U. S. 643（1961）．

［78］Bram v. U. S.，168U. S. 532（1897）．

［79］Escobedo v. Ilinois，378U. S. 478（1964）．

[80] Rochuin v. California, 342U. S. 165 (1952).
[81] Brown v. Mississippi, 297U. S, (1936).
[82] 一中刑初（2012）第3903号刑事判决书.